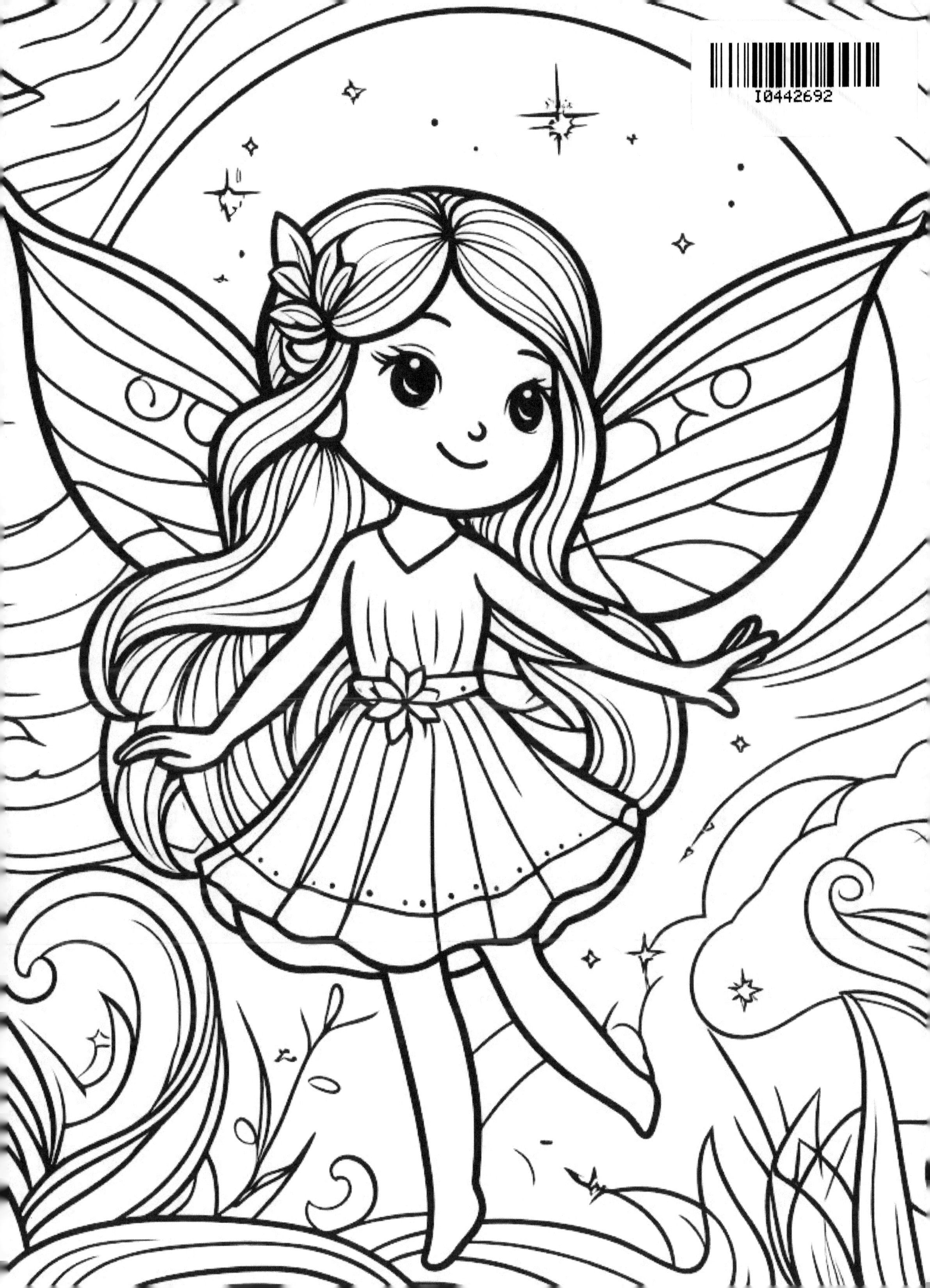

JOE MAC
PUBLISHING

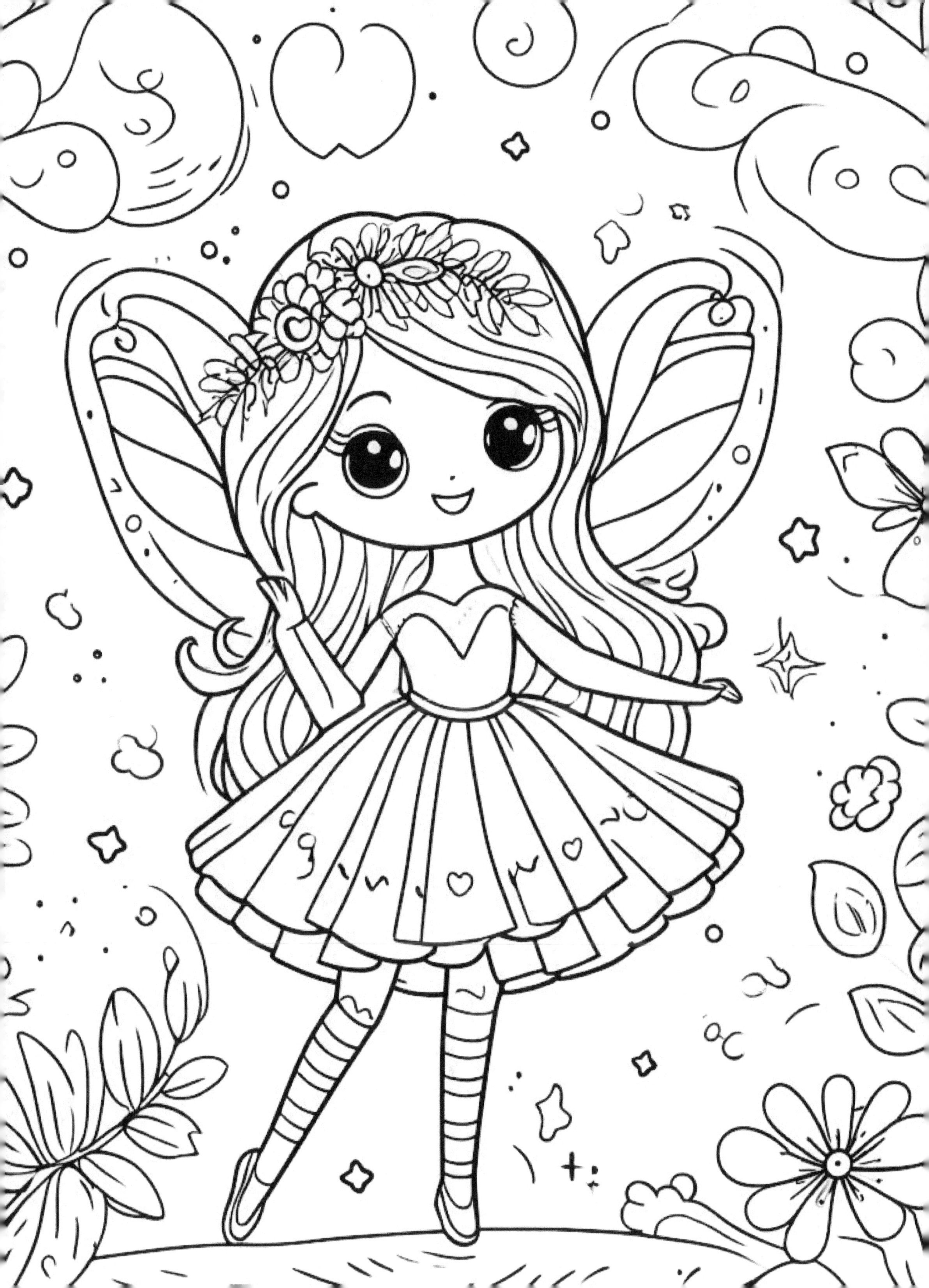

JOE MAC
PUBLISHING

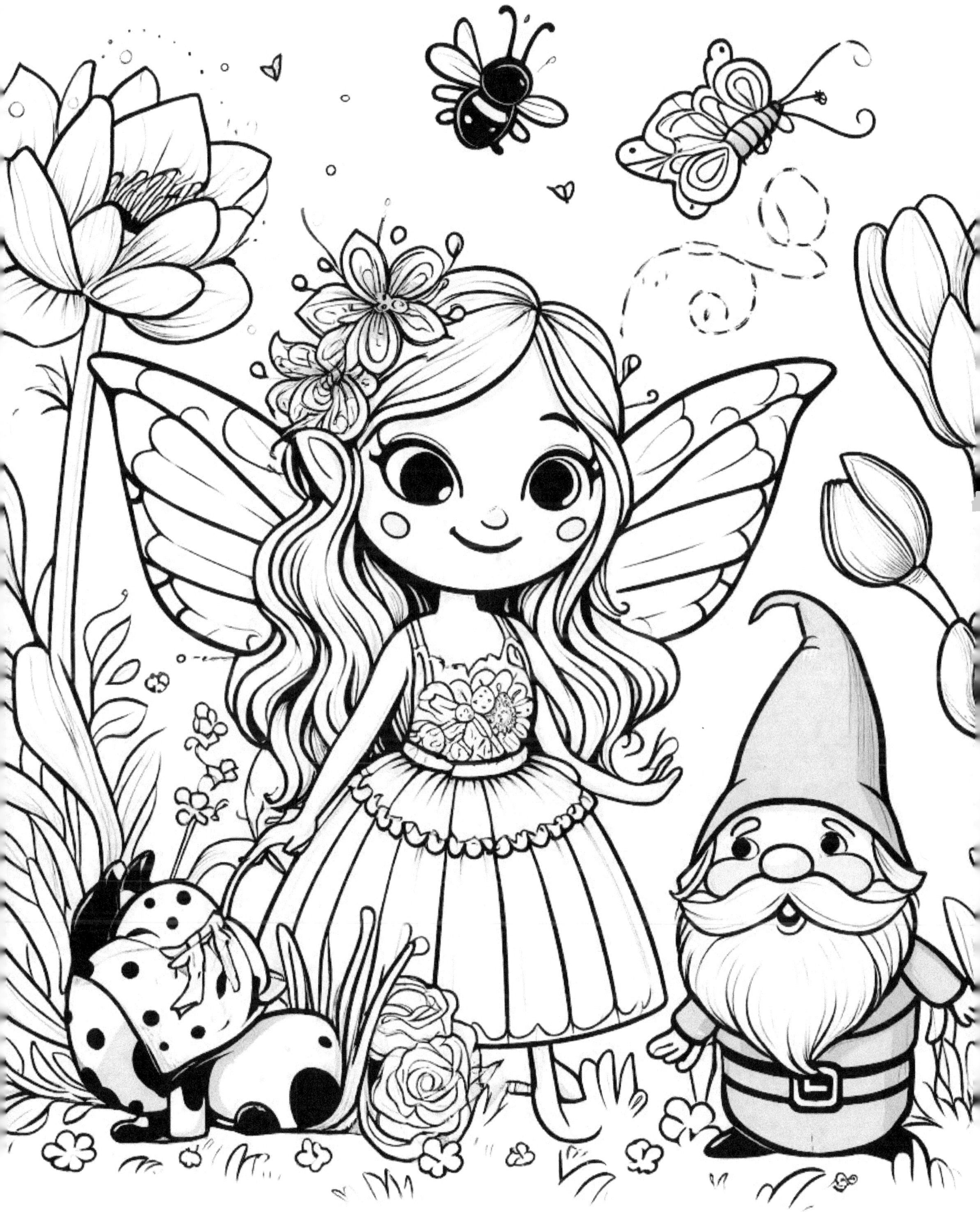

JOE MAC
PUBLISHING

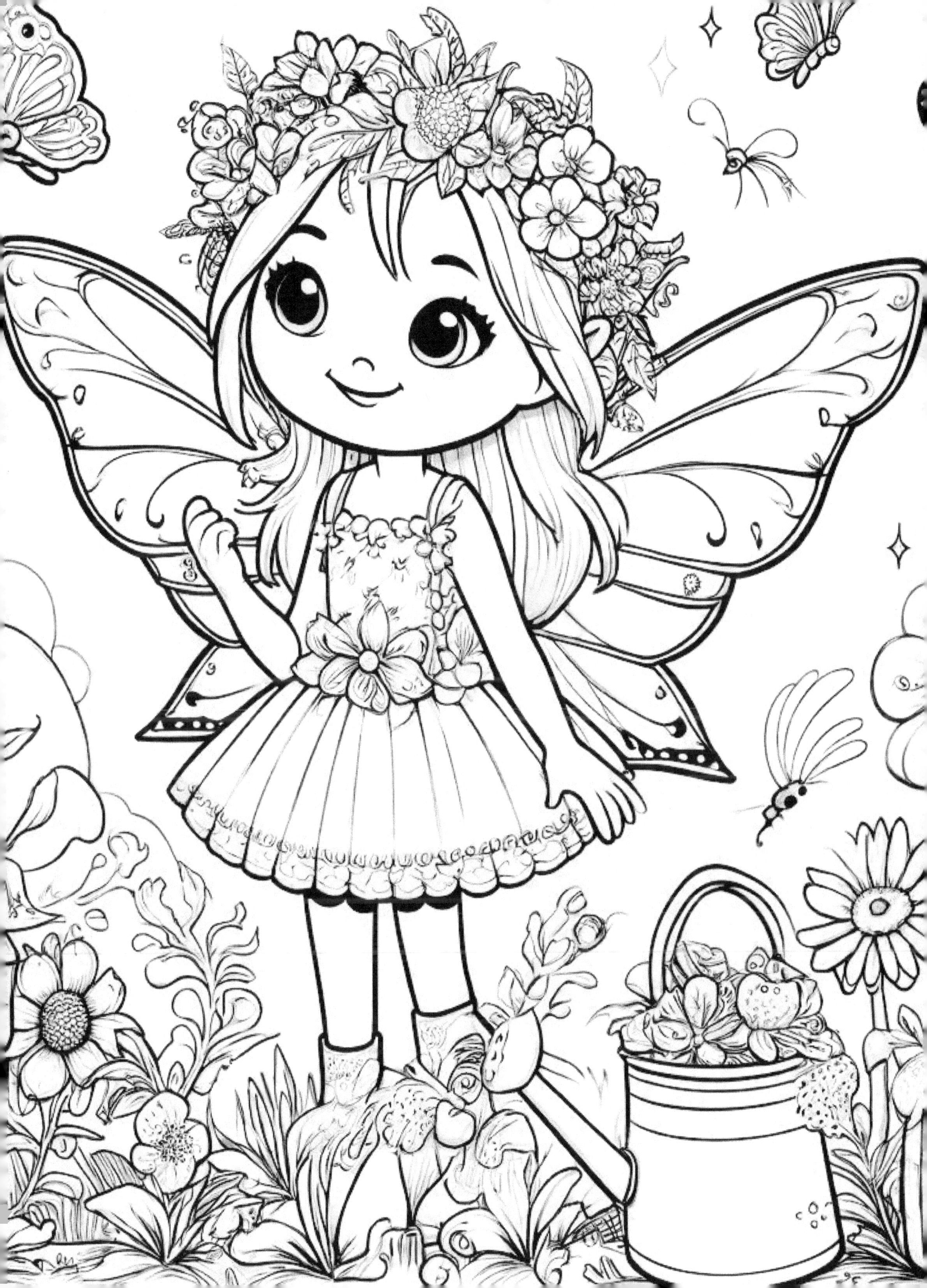

JOE MAC
PUBLISHING

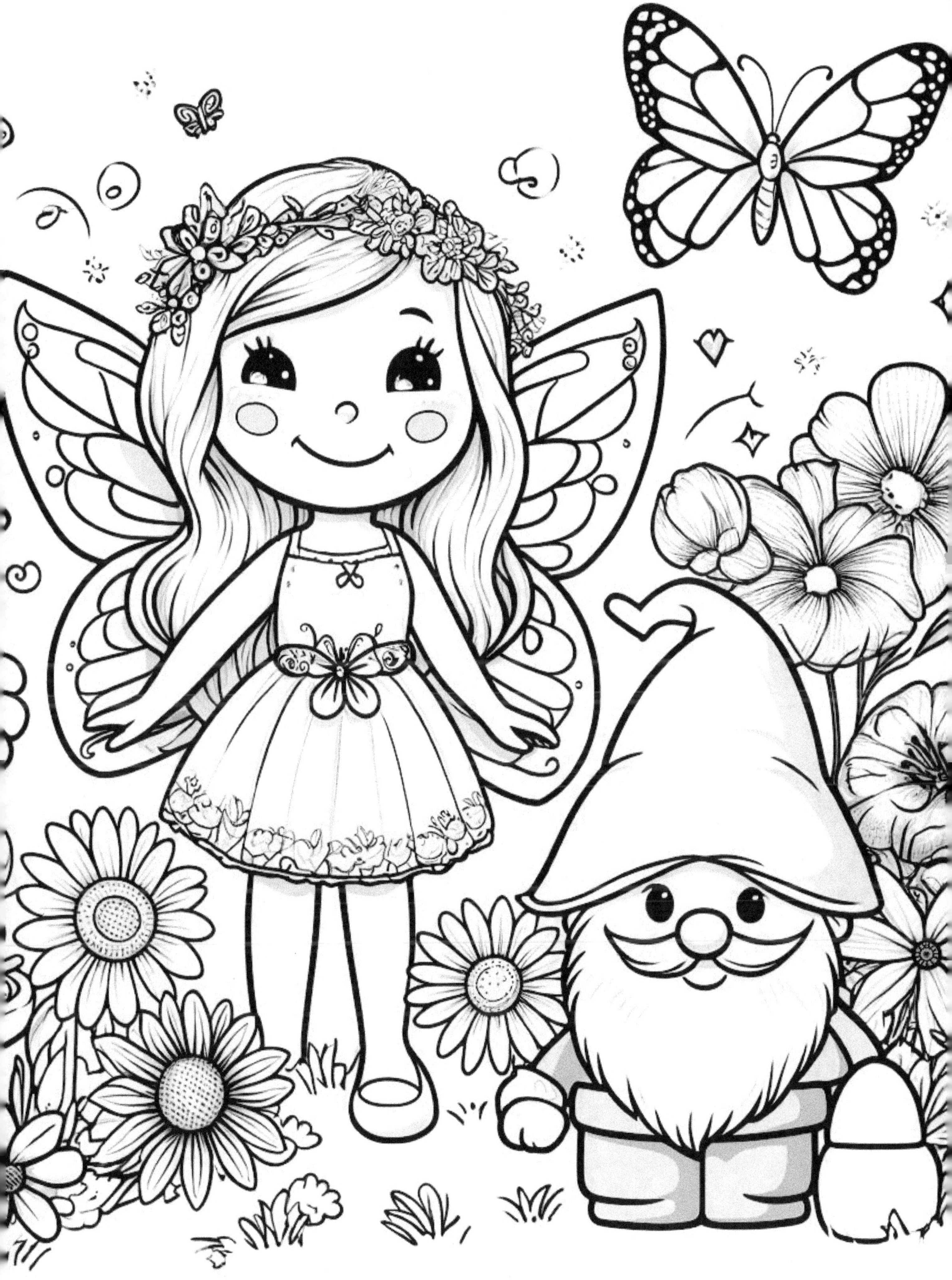

JOE MAC
PUBLISHING

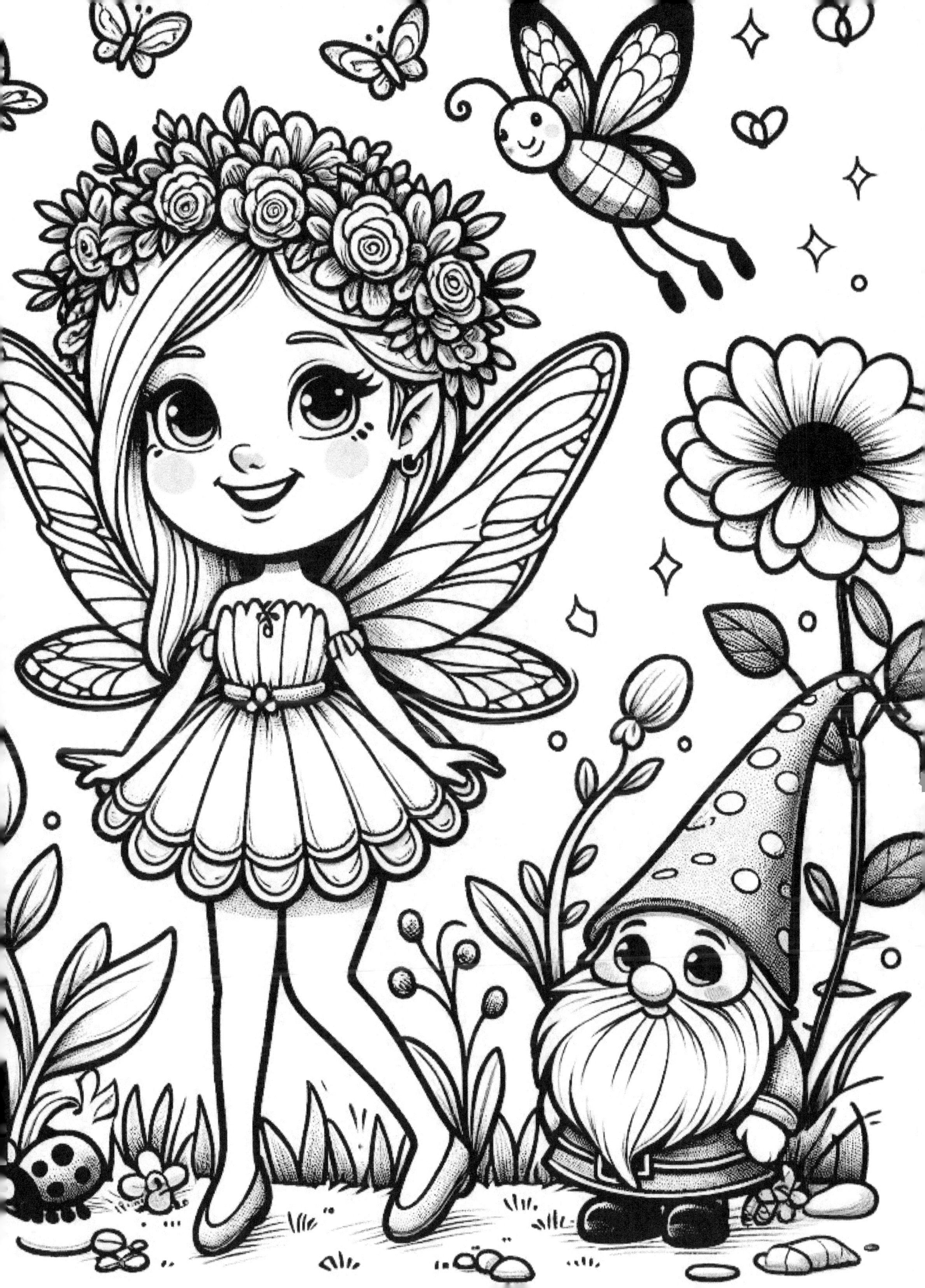

JOE MAC
PUBLISHING

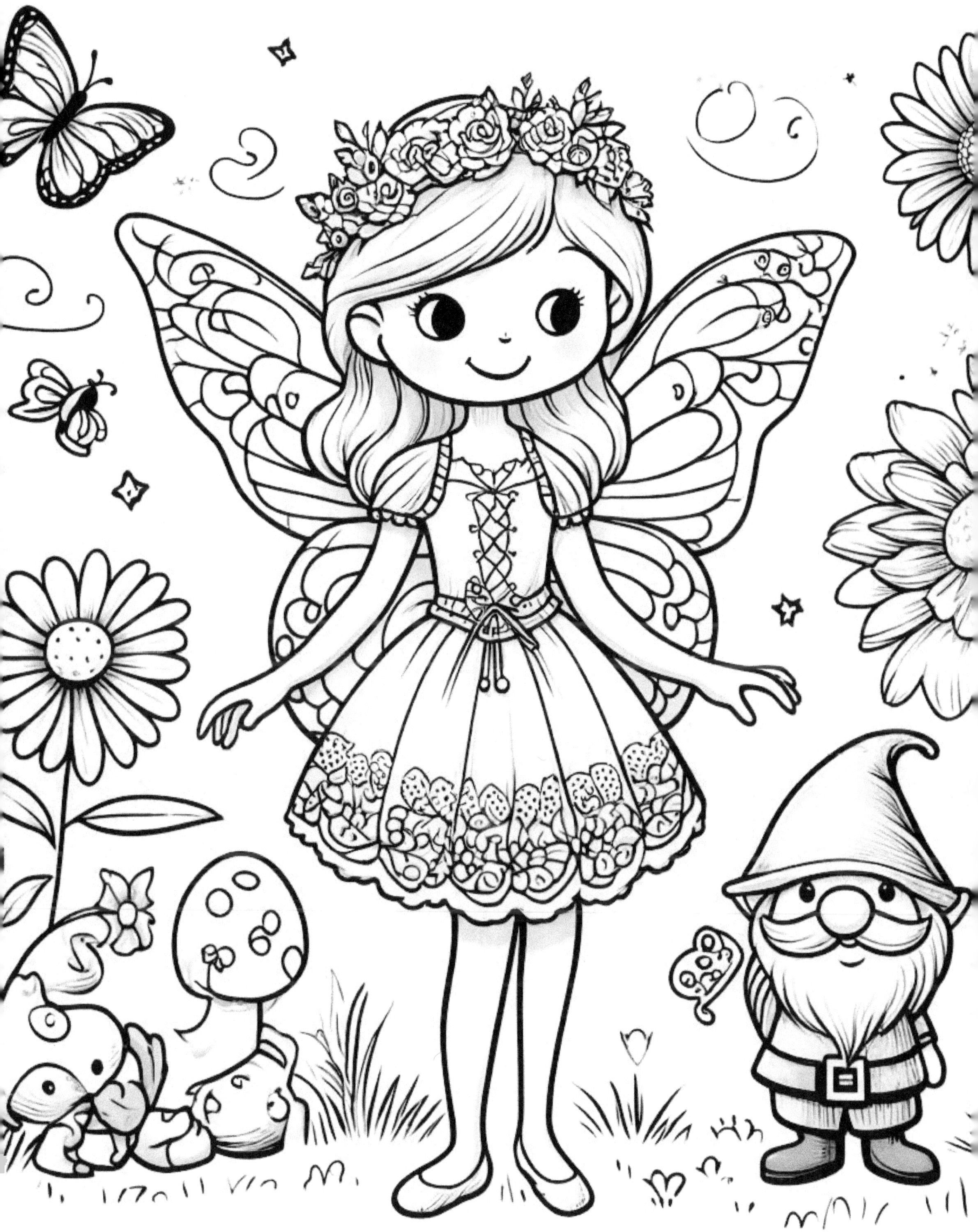

JOE MAC
PUBLISHING

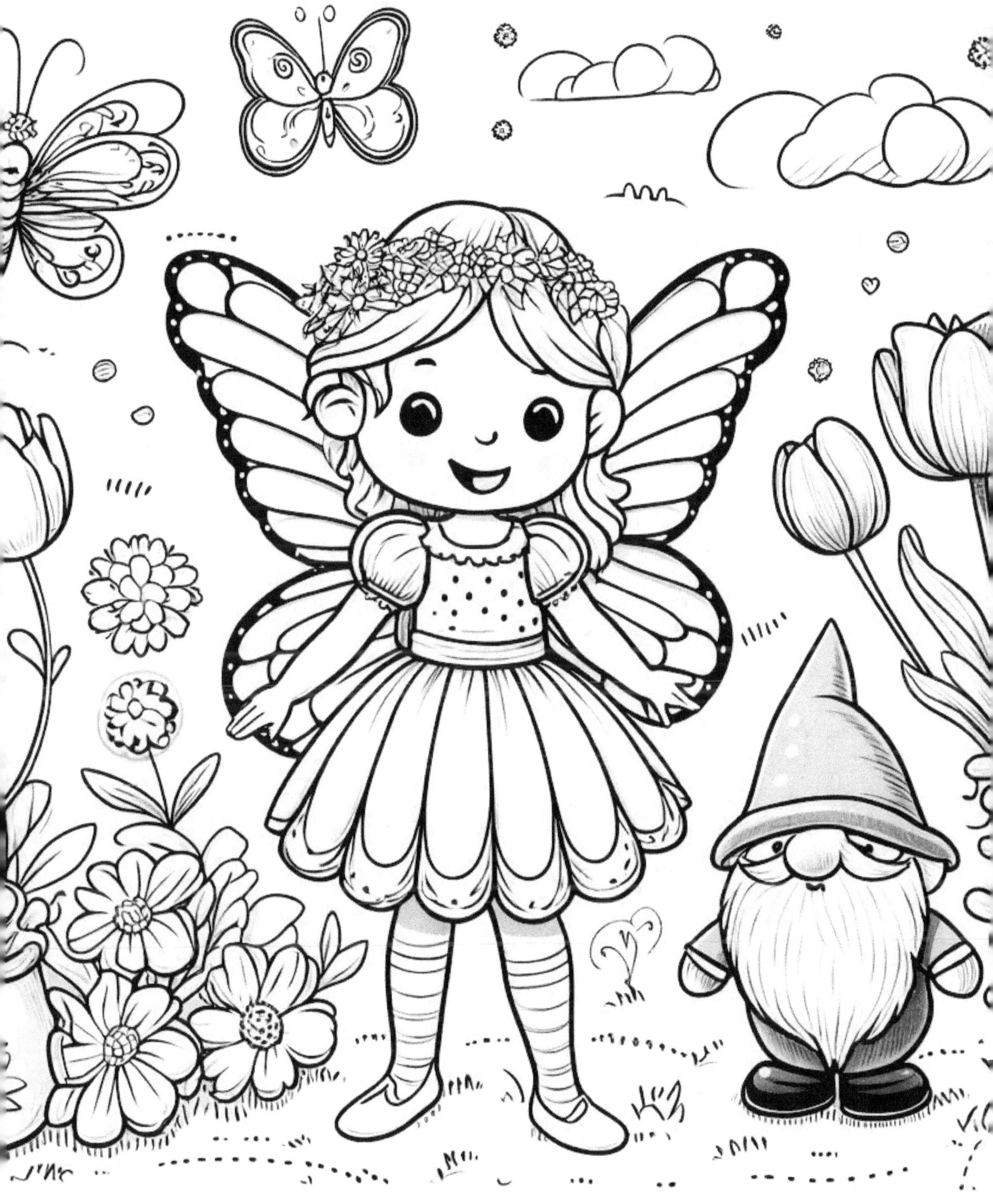

JOE MAC
PUBLISHING

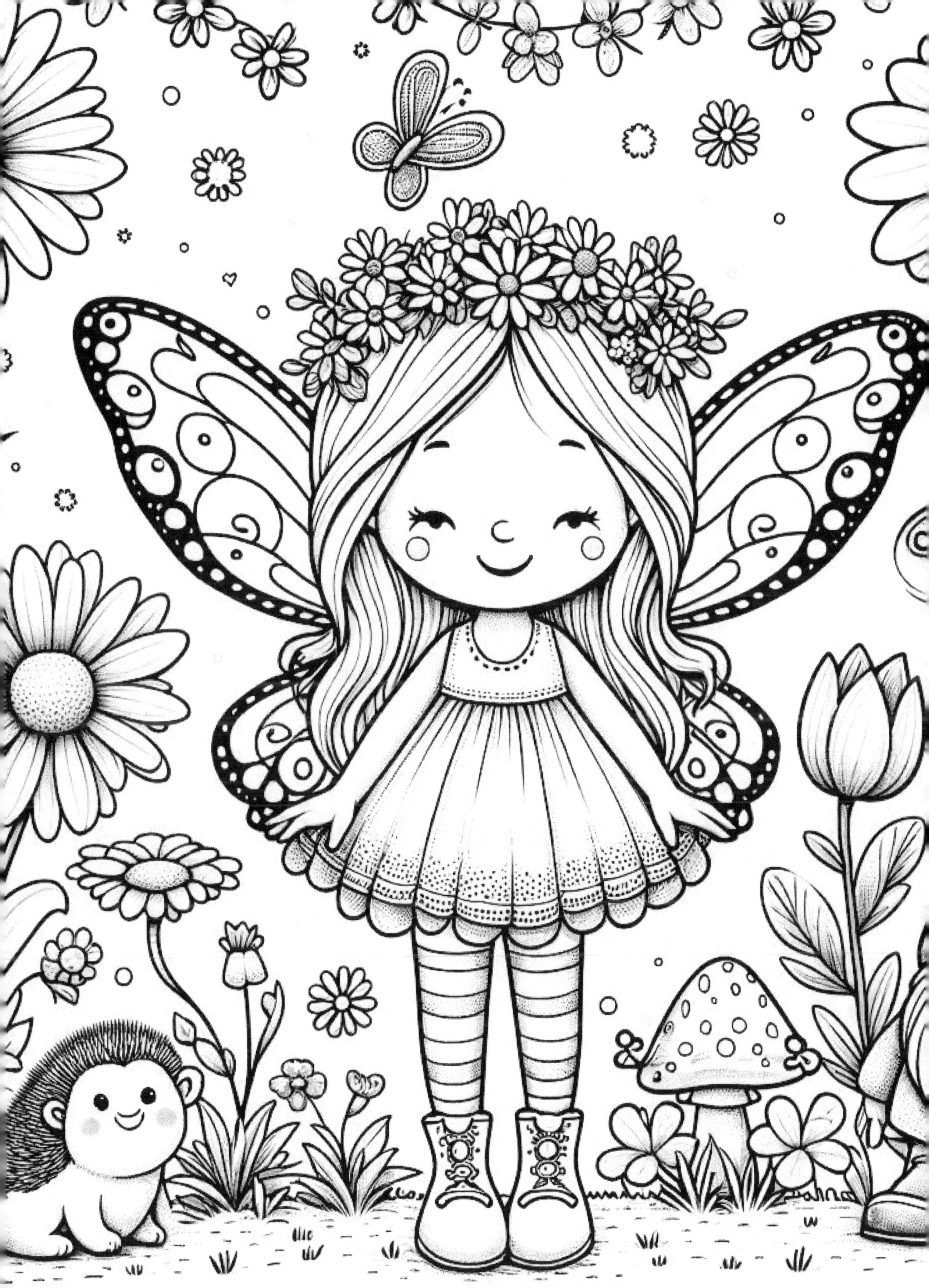

JOE MAC
PUBLISHING

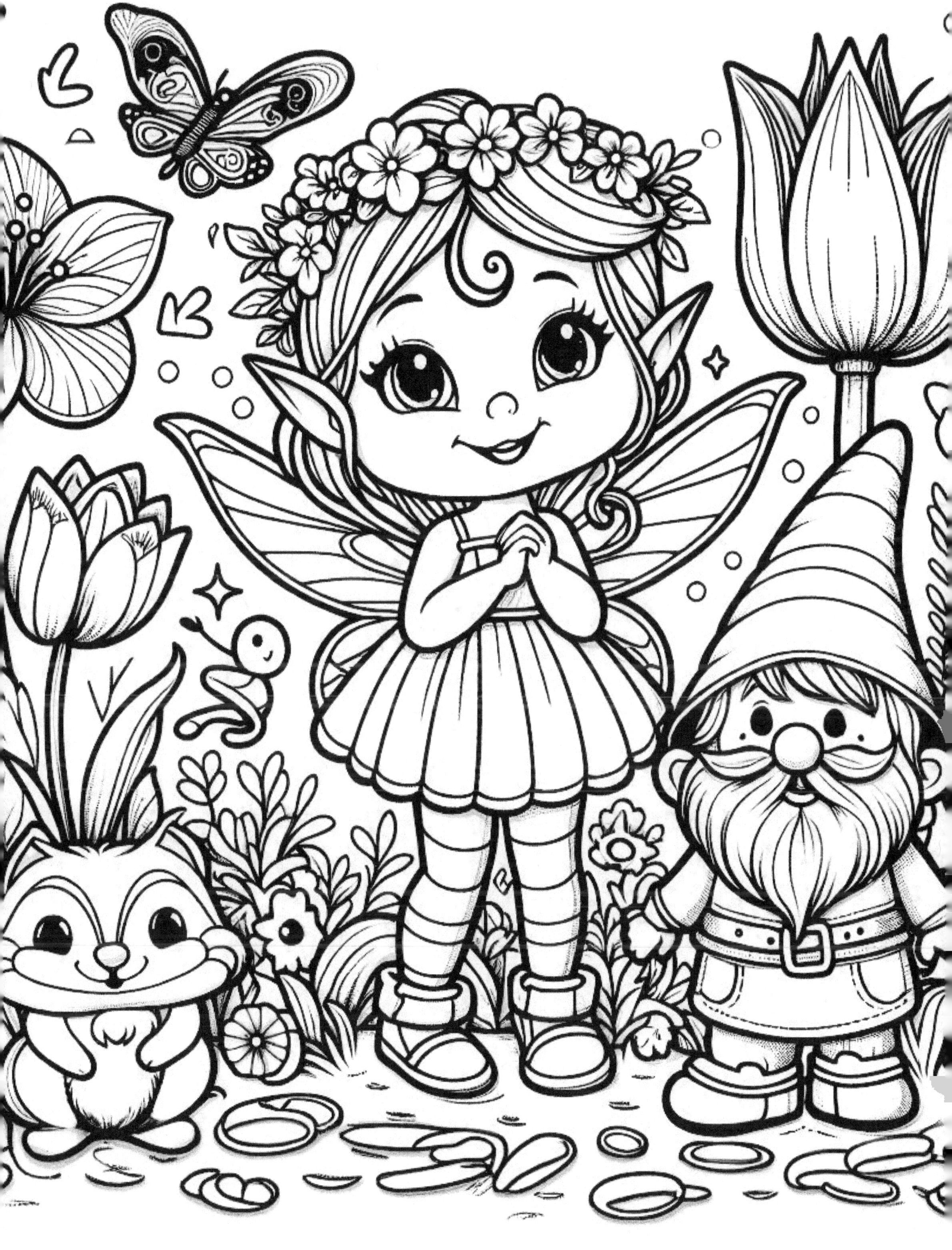

JOE MAC
PUBLISHING

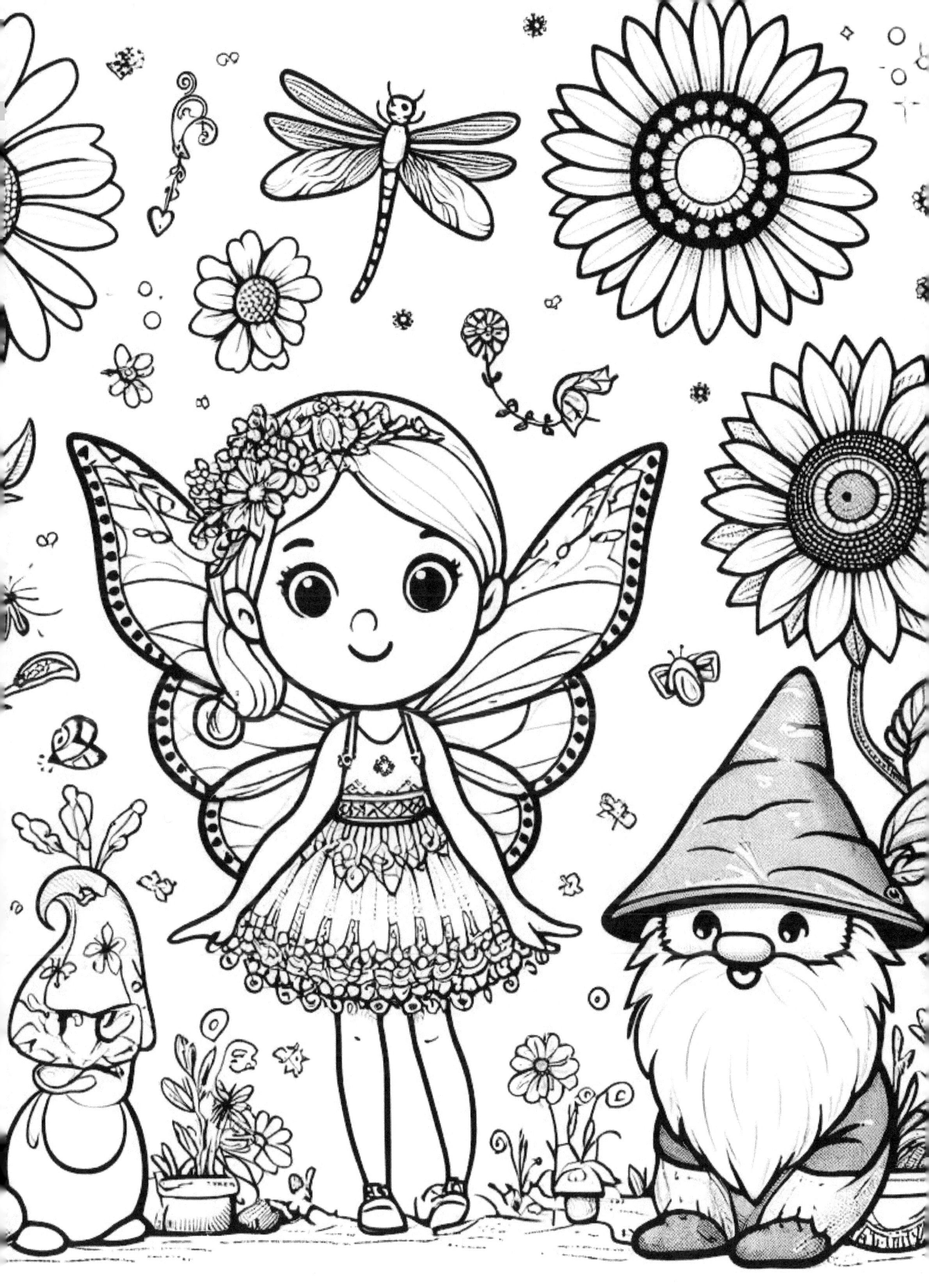

JOE MAC
PUBLISHING

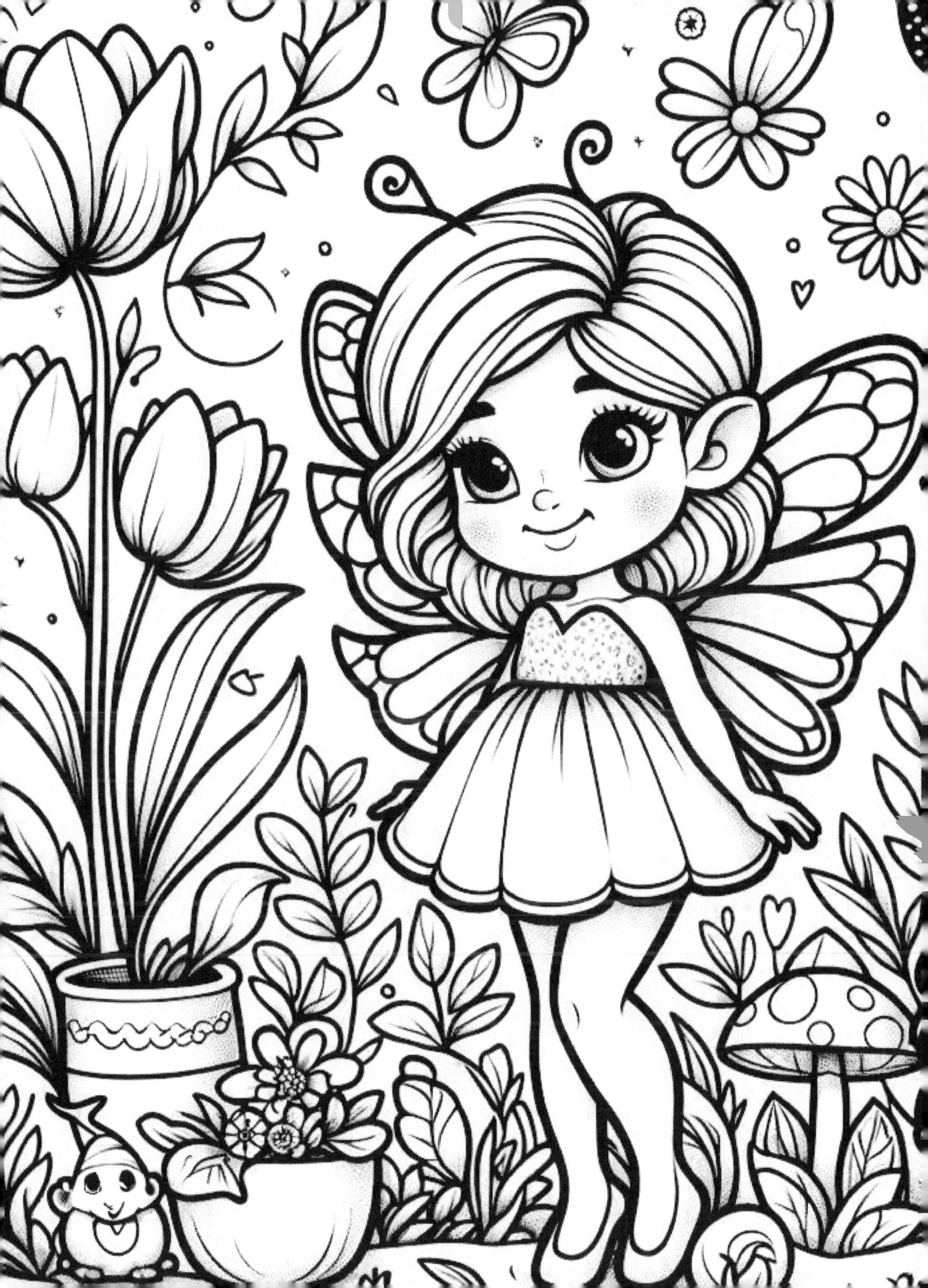

JOE MAC
PUBLISHING

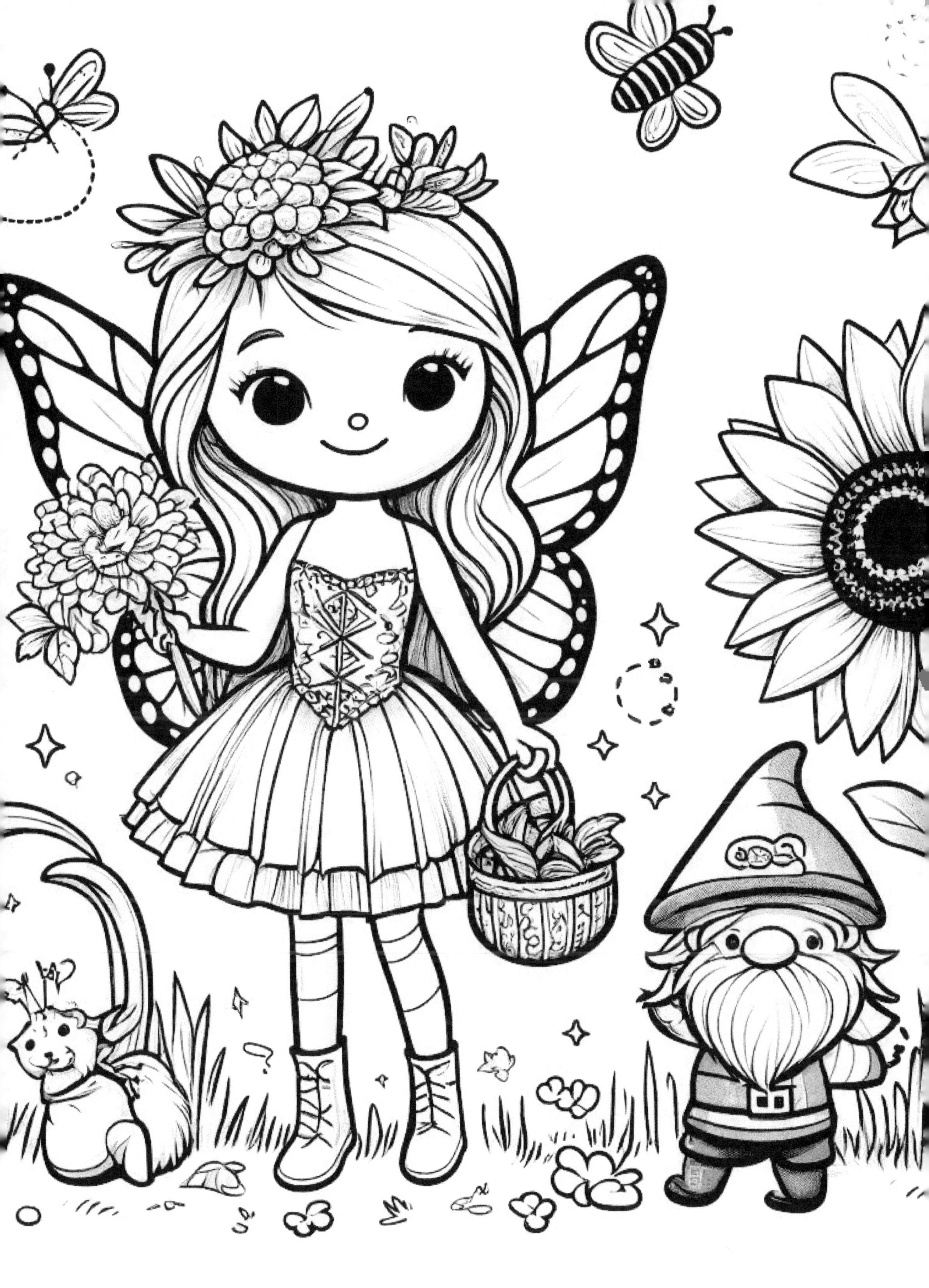

JOE MAC
PUBLISHING

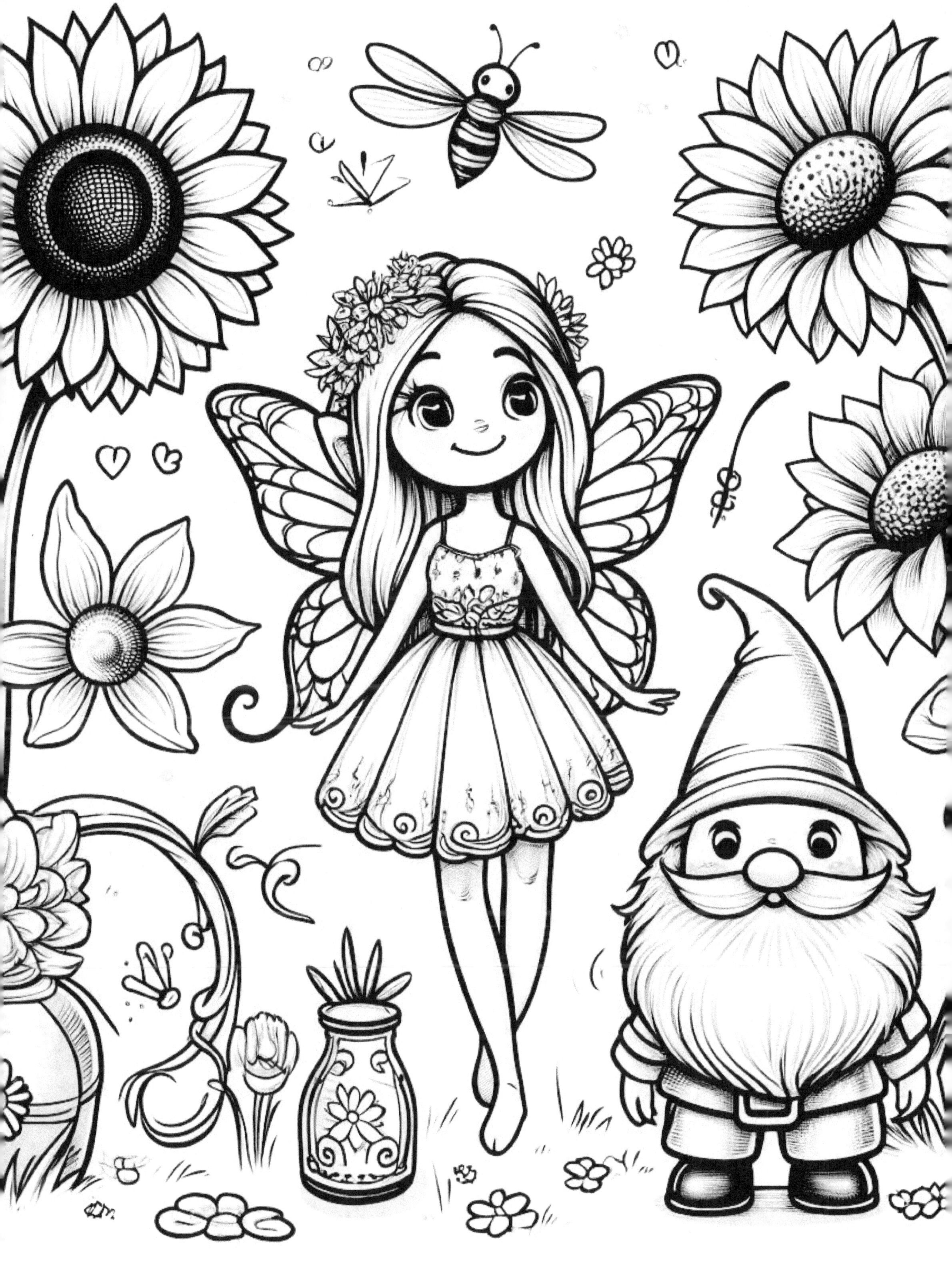

JOE MAC
PUBLISHING

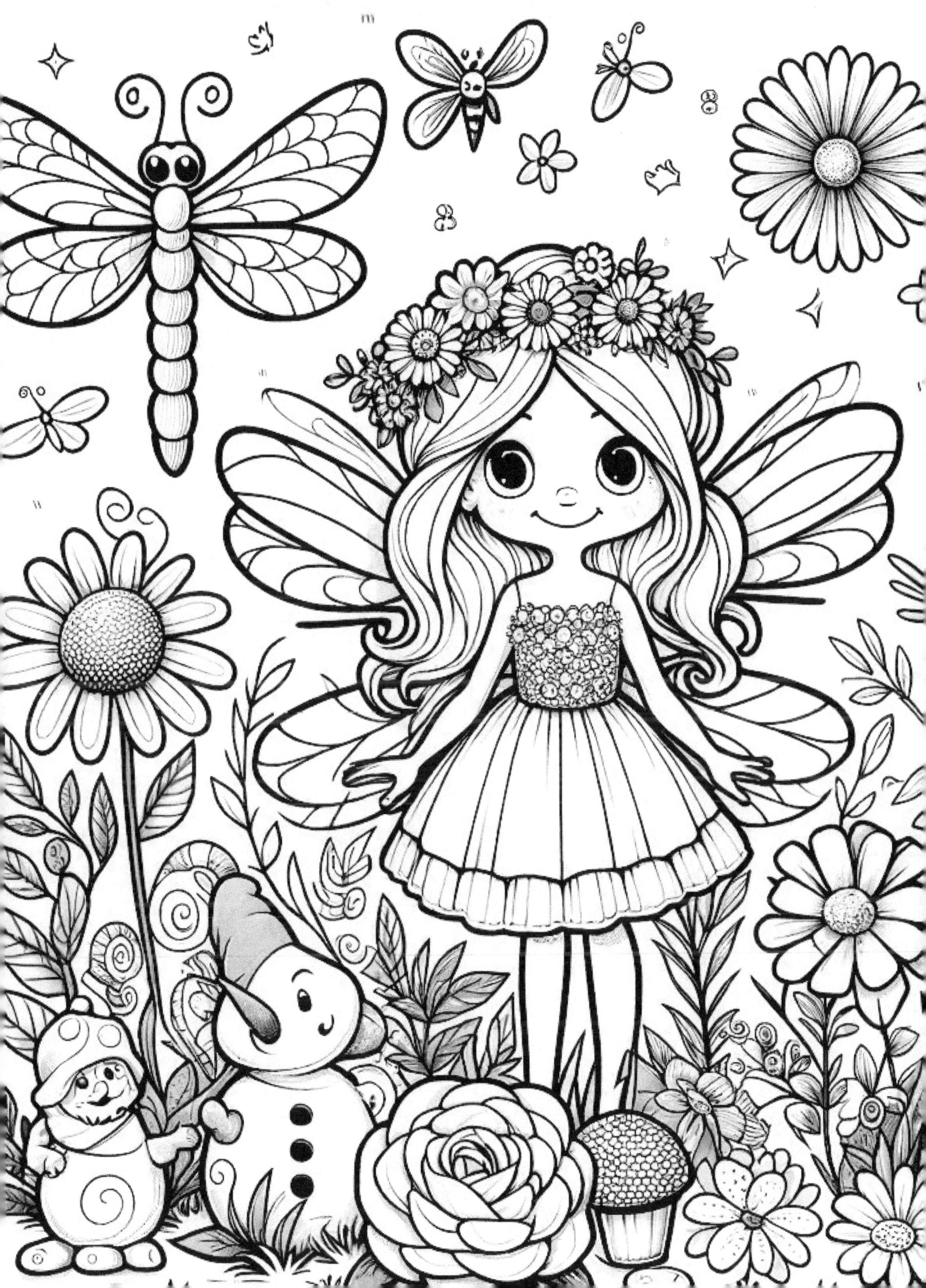

JOE MAC
PUBLISHING

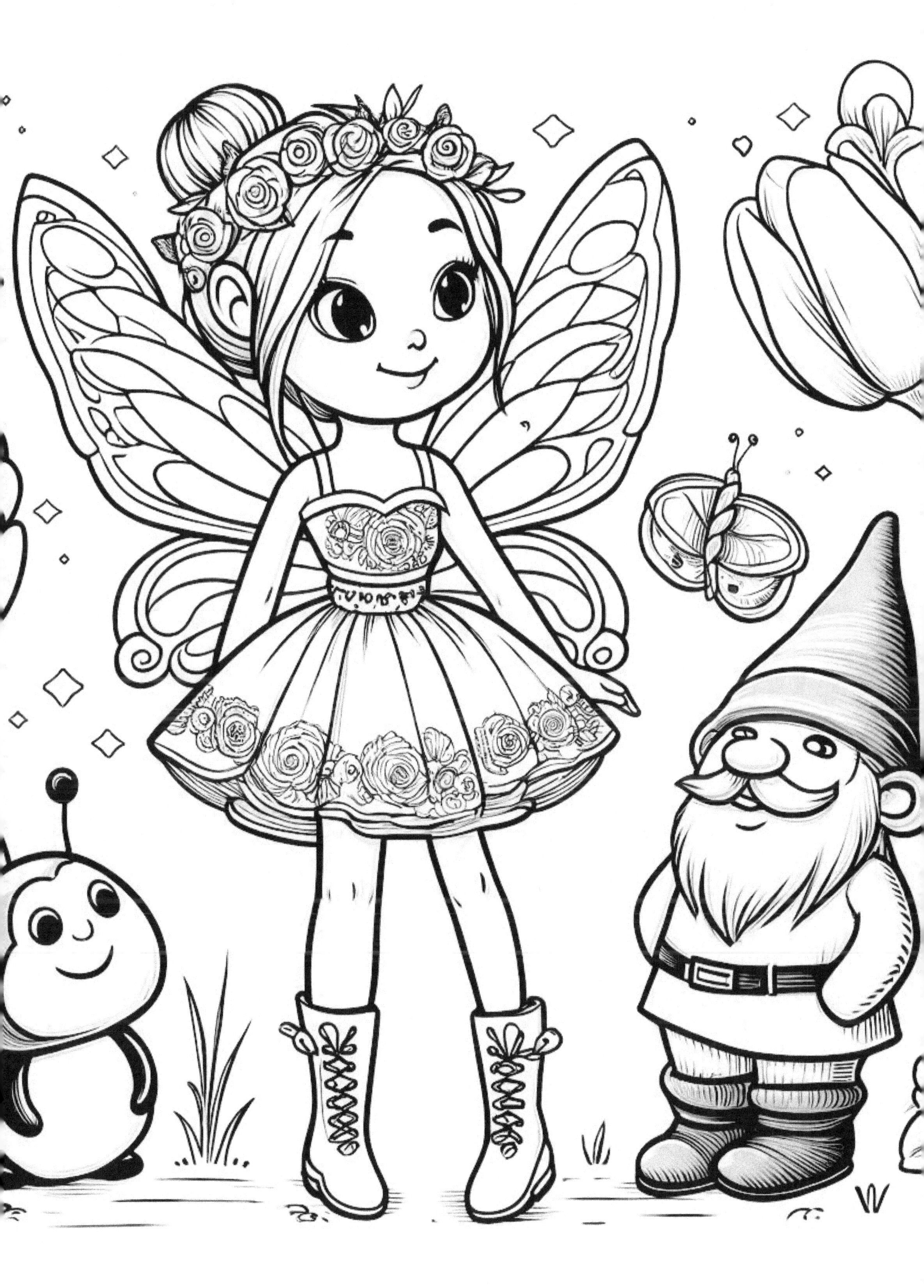

JOE MAC
PUBLISHING

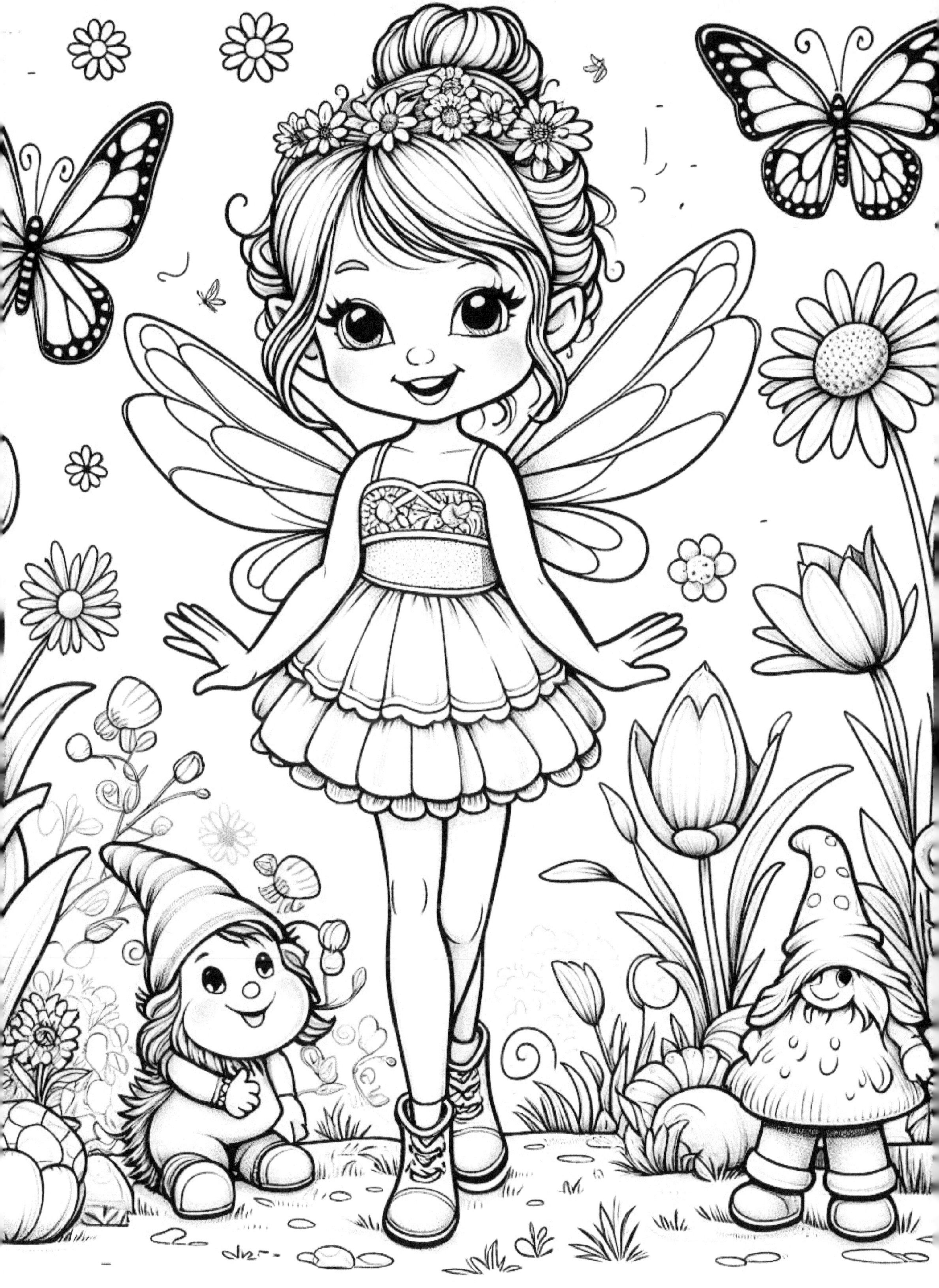

JOE MAC
PUBLISHING

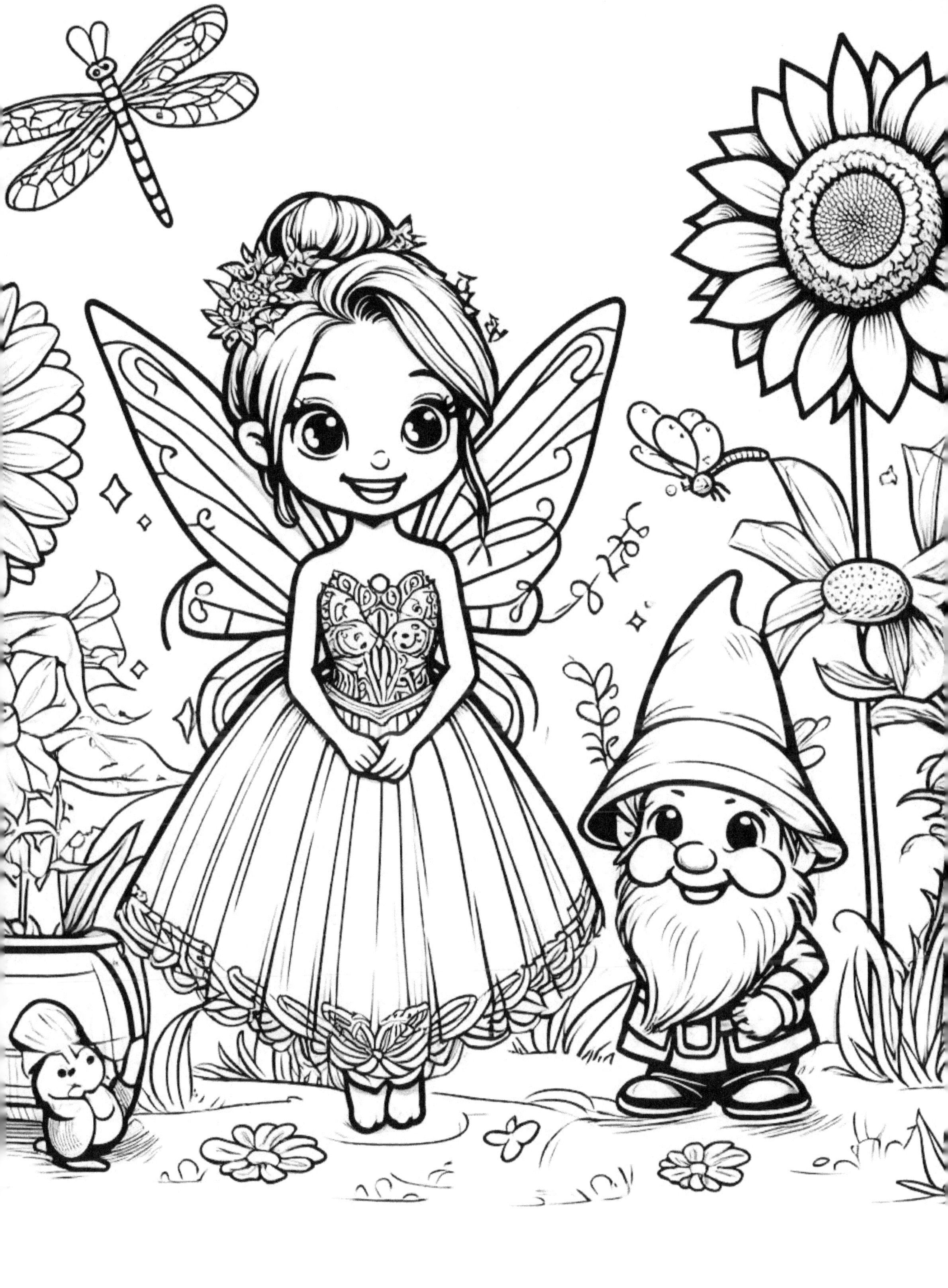

JOE MAC
PUBLISHING

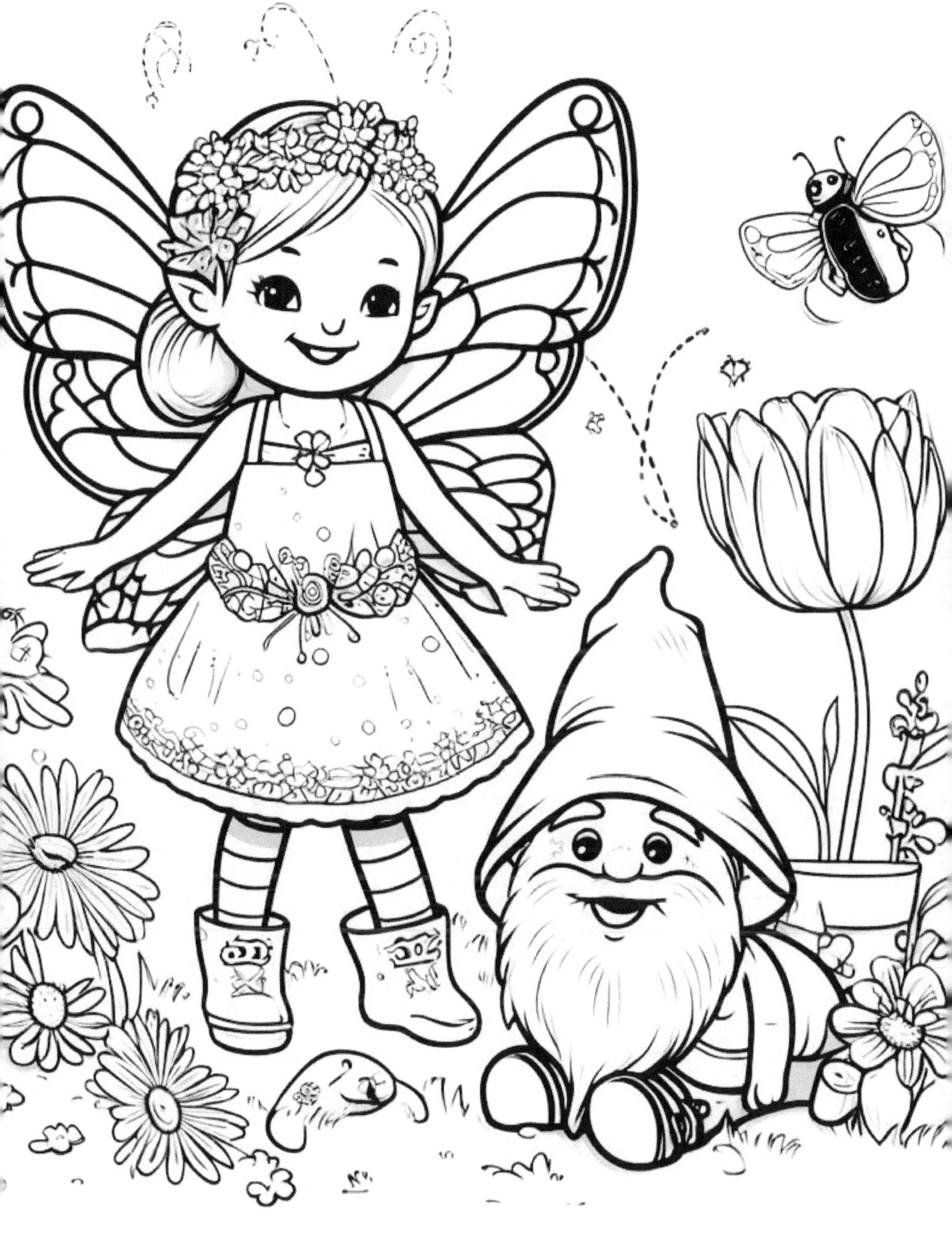

JOE MAC
PUBLISHING

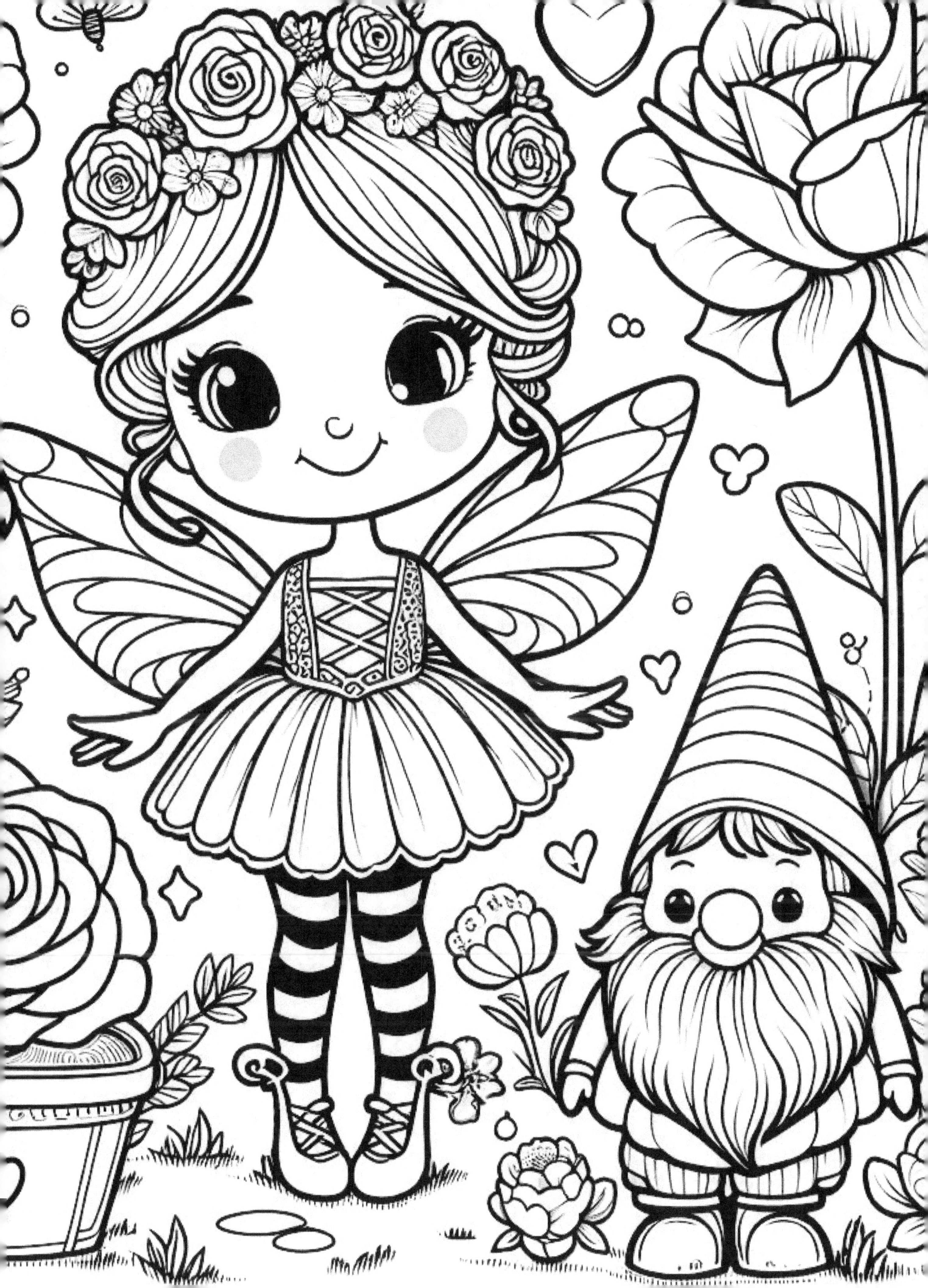

JOE MAC
PUBLISHING

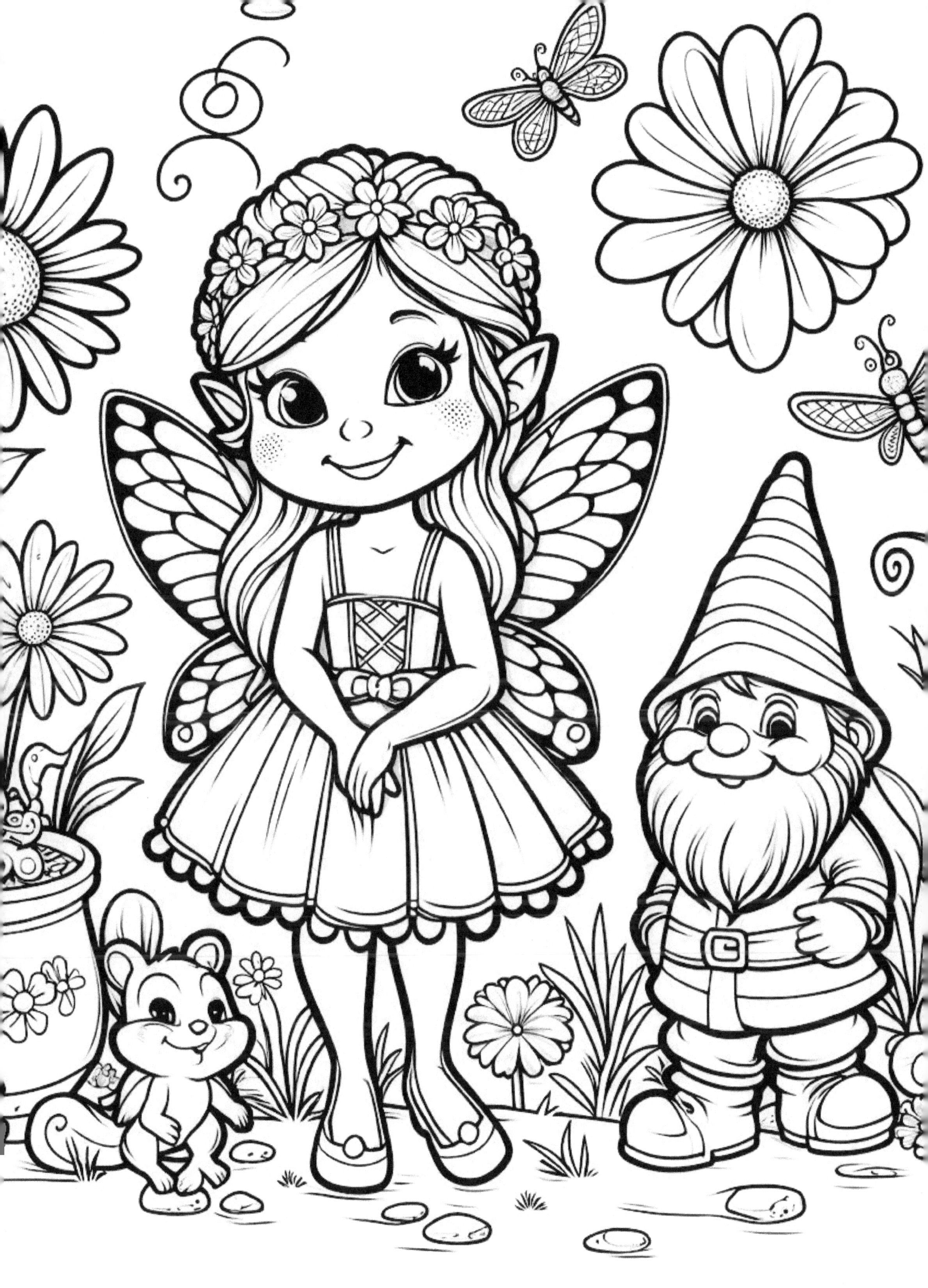

JOE MAC
PUBLISHING

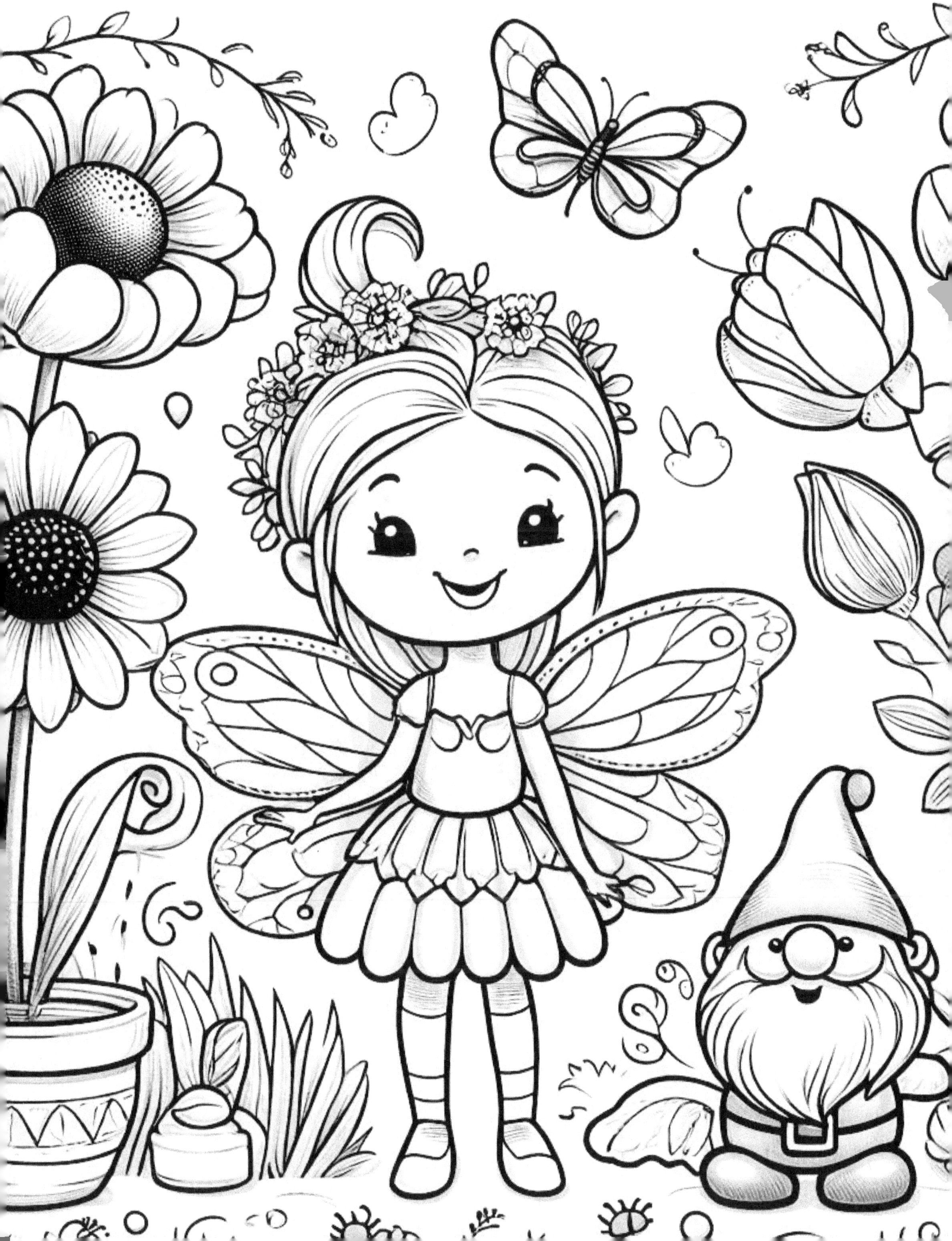

JOE MAC
PUBLISHING

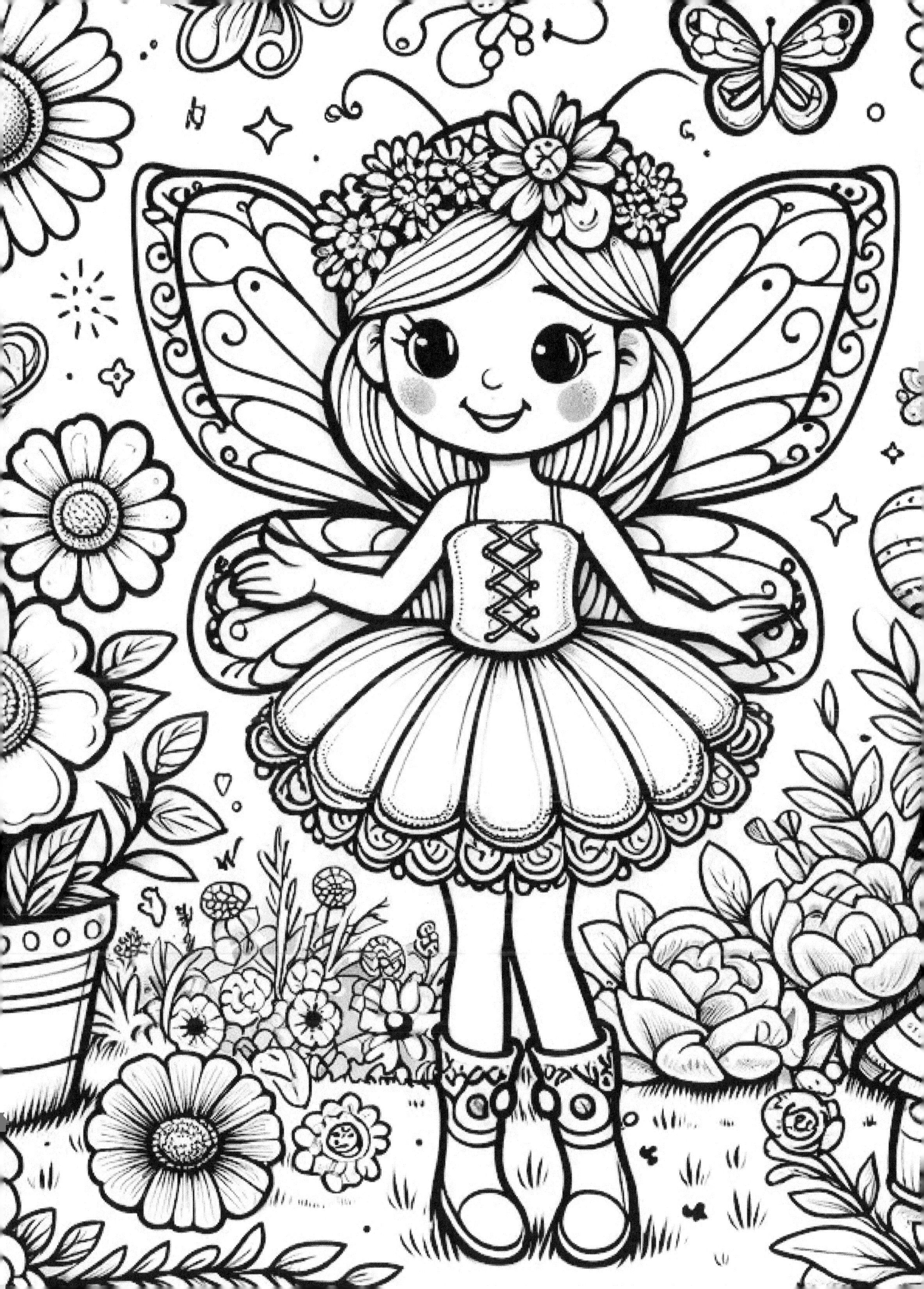

JOE MAC
PUBLISHING

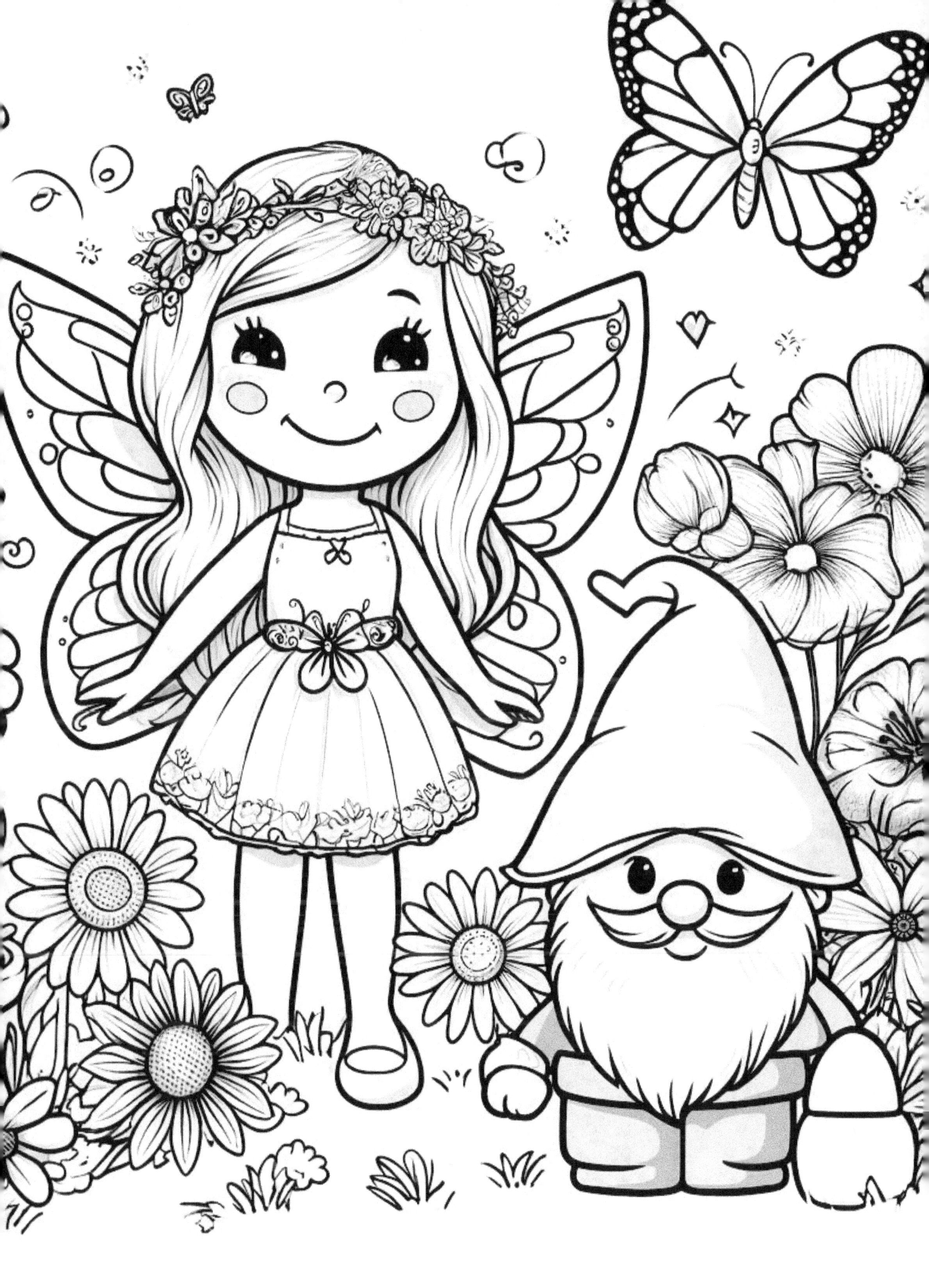

JOE MAC
PUBLISHING

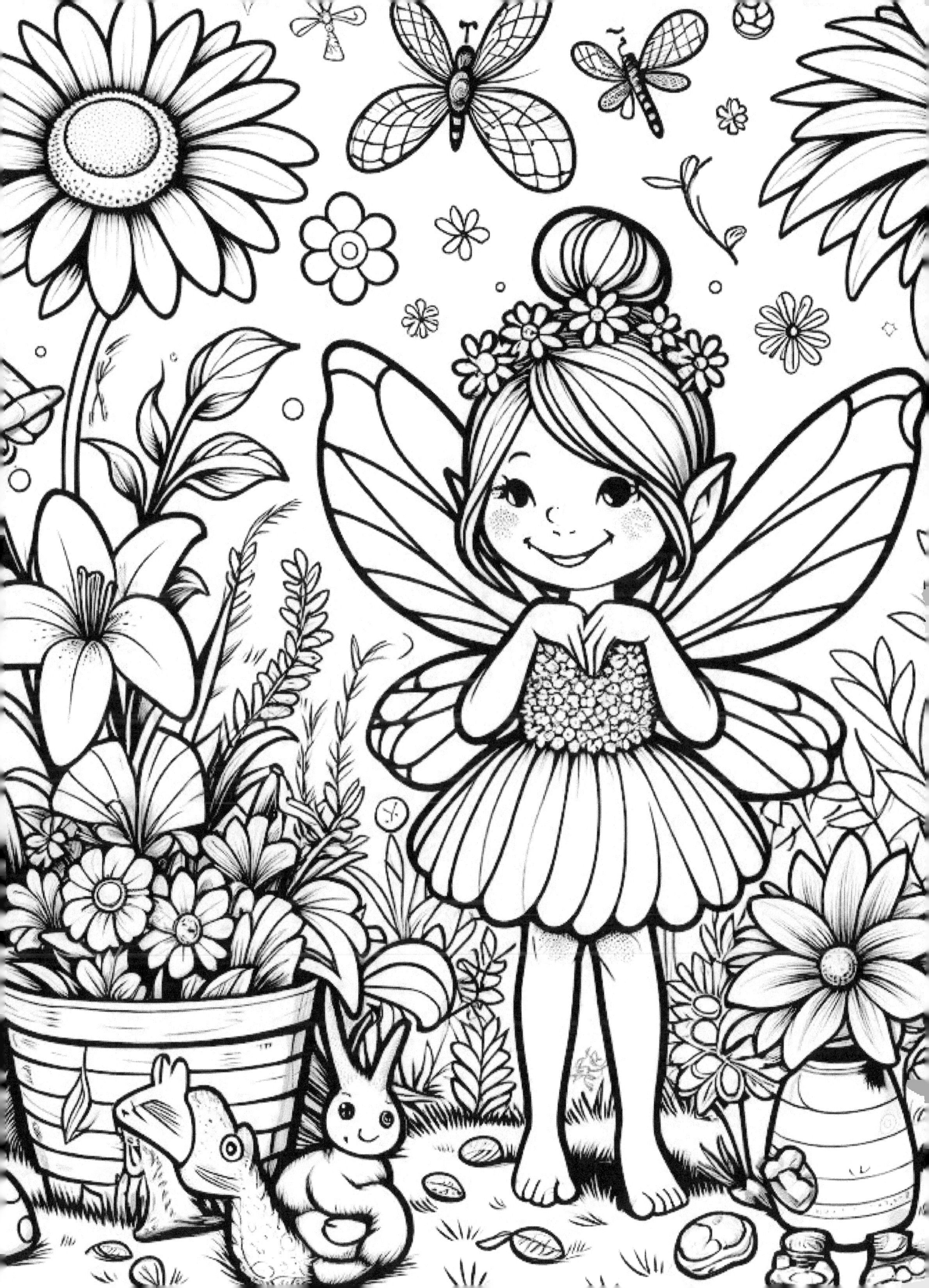

JOE MAC
PUBLISHING

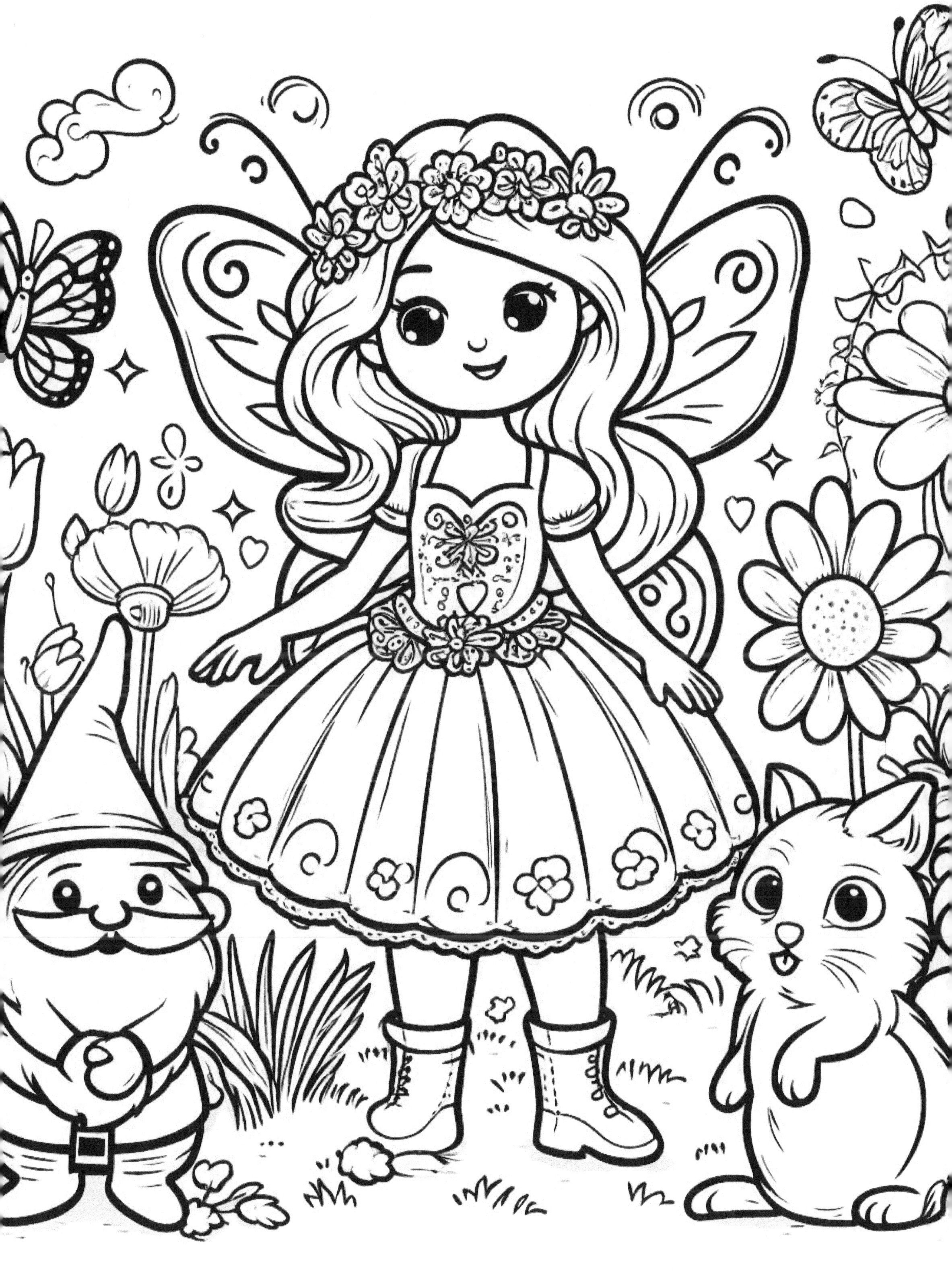

JOE MAC
PUBLISHING

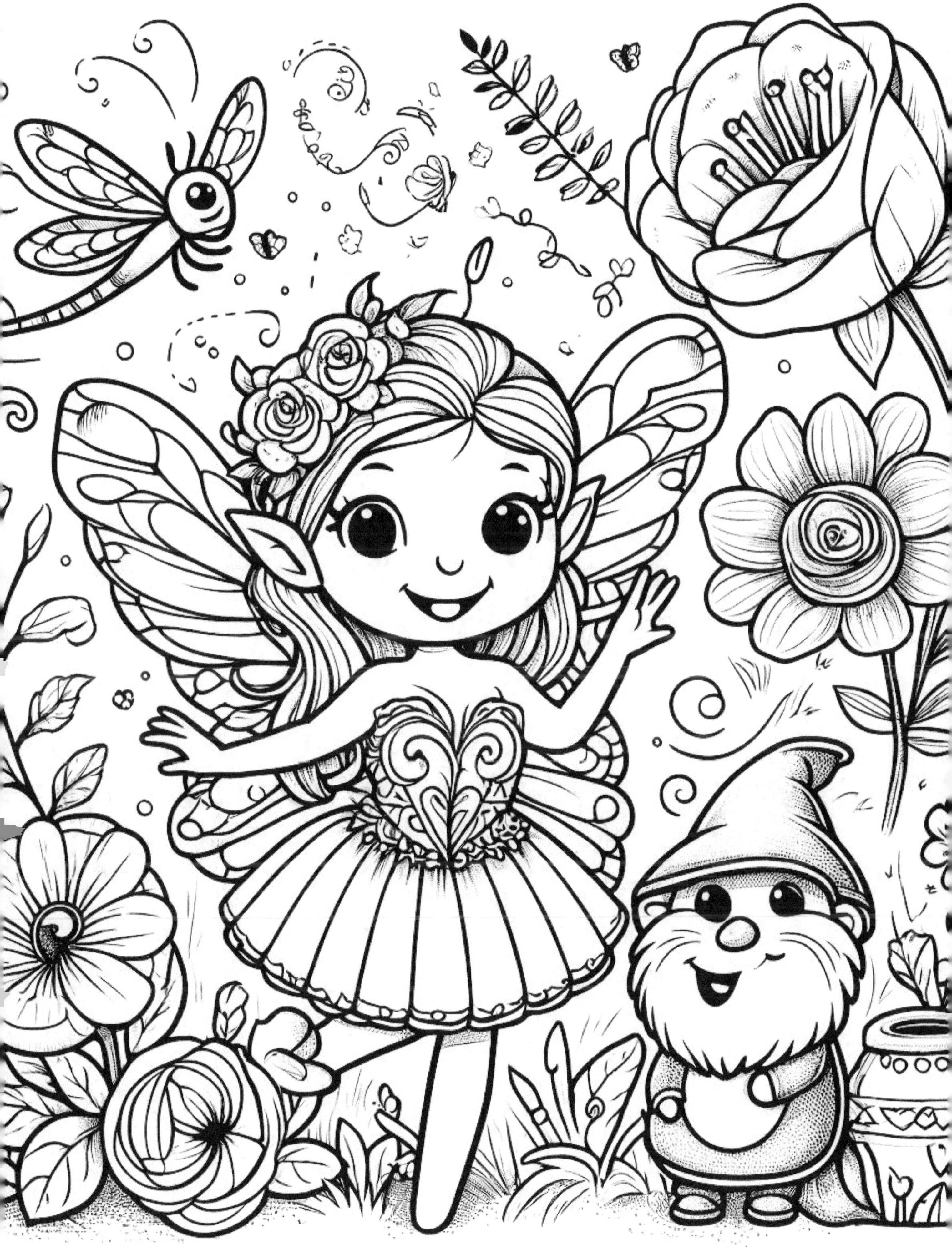

JOE MAC
PUBLISHING

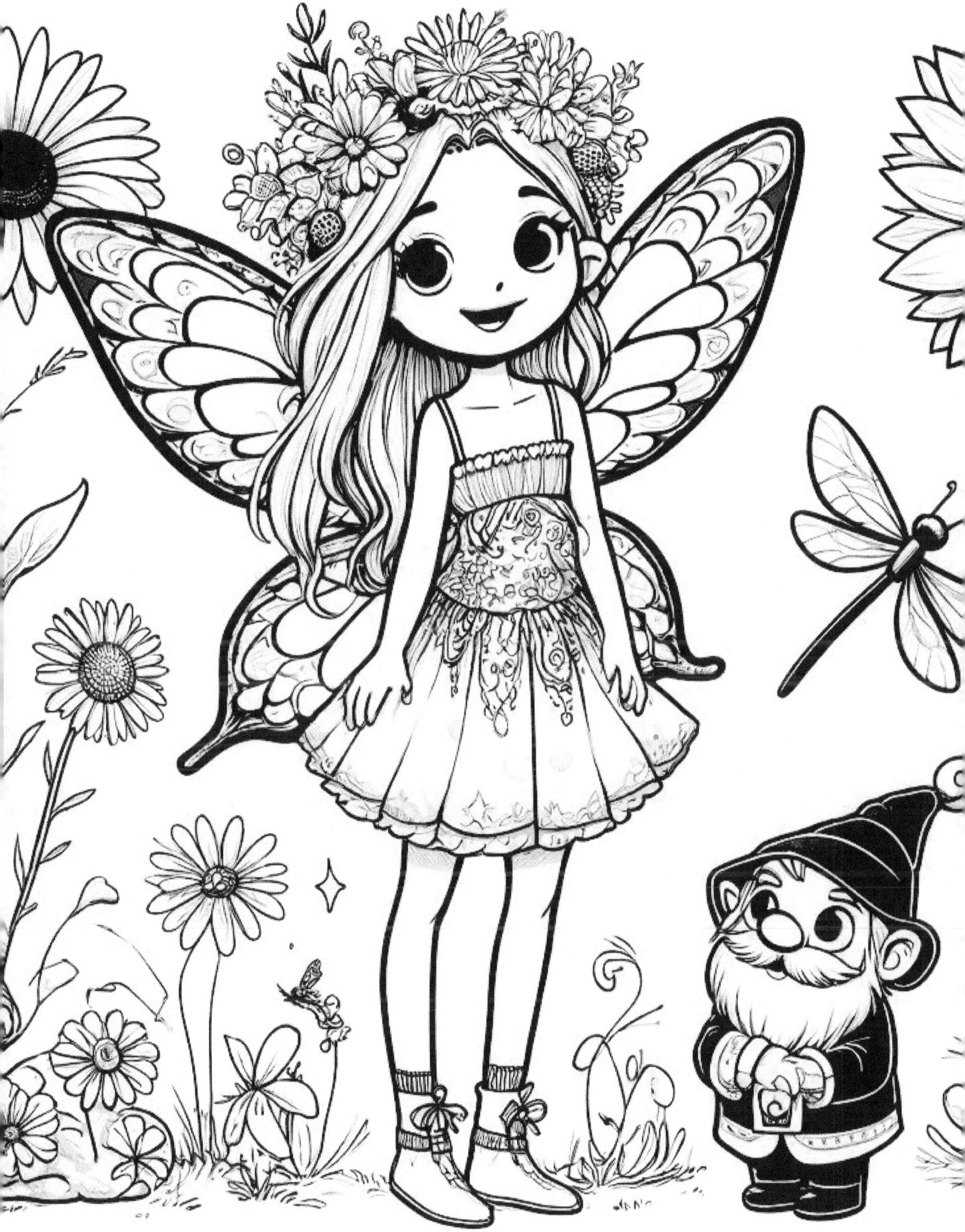

JOE MAC
PUBLISHING

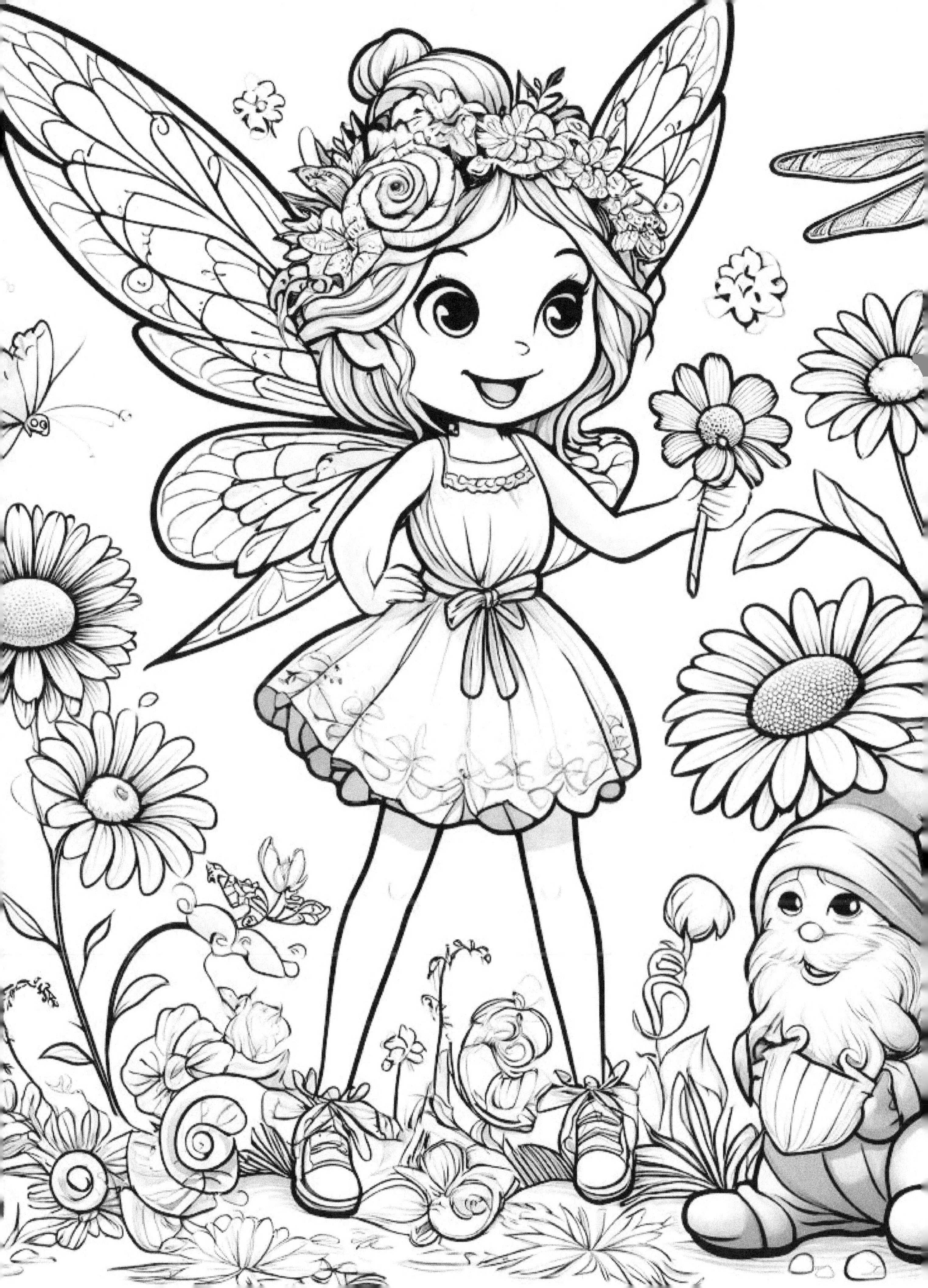

JOE MAC
PUBLISHING

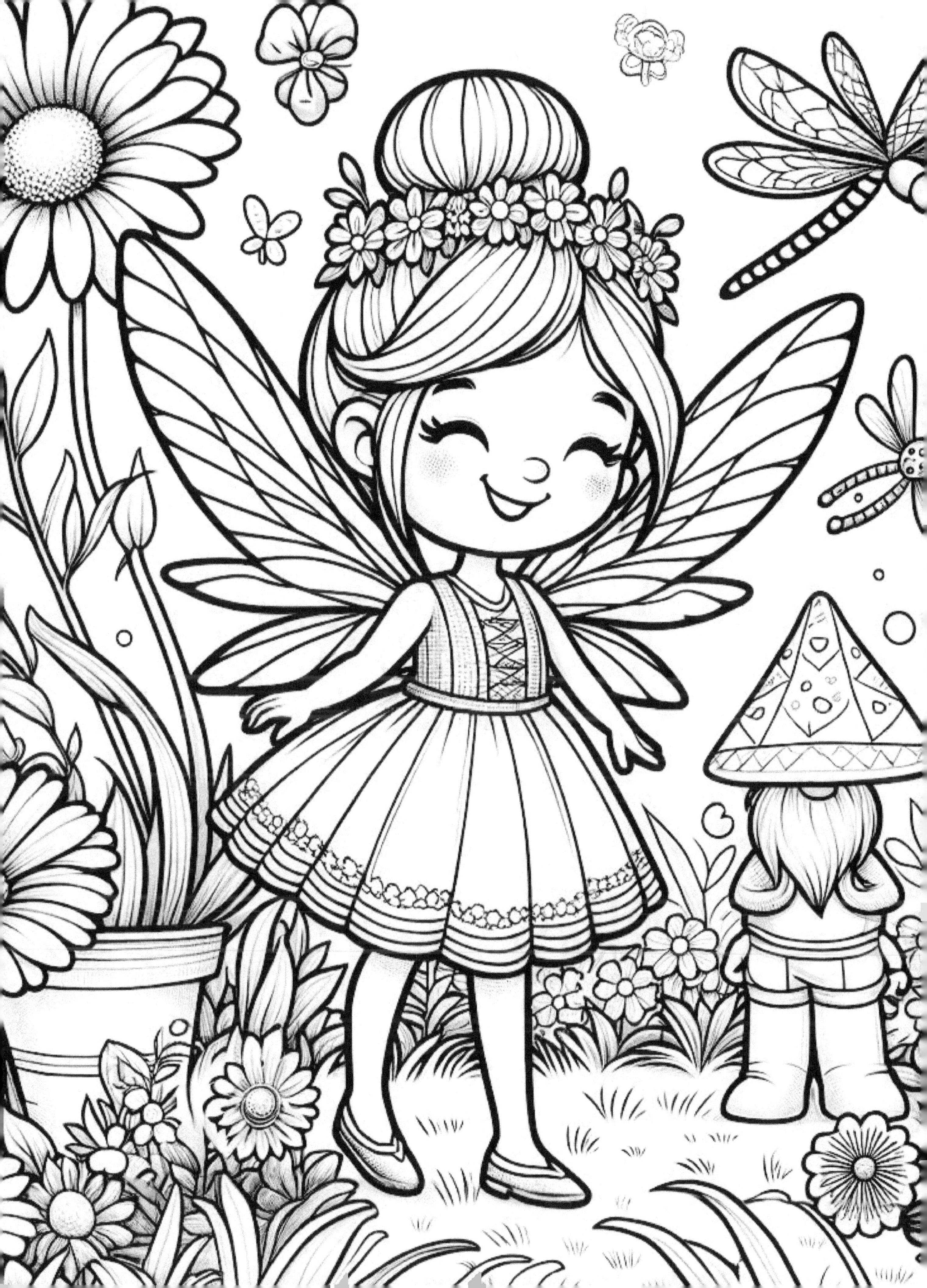

JOE MAC
PUBLISHING

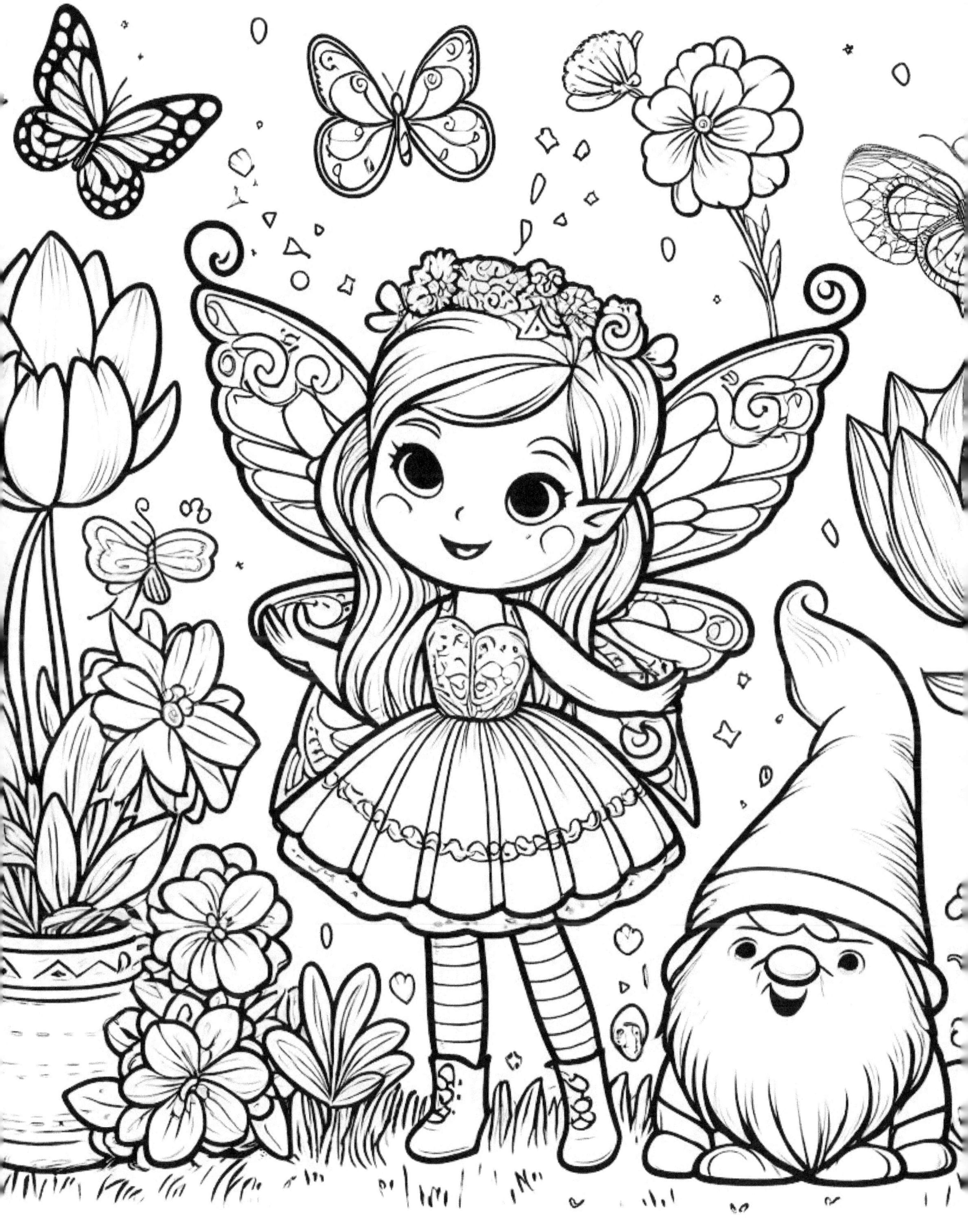

JOE MAC
PUBLISHING

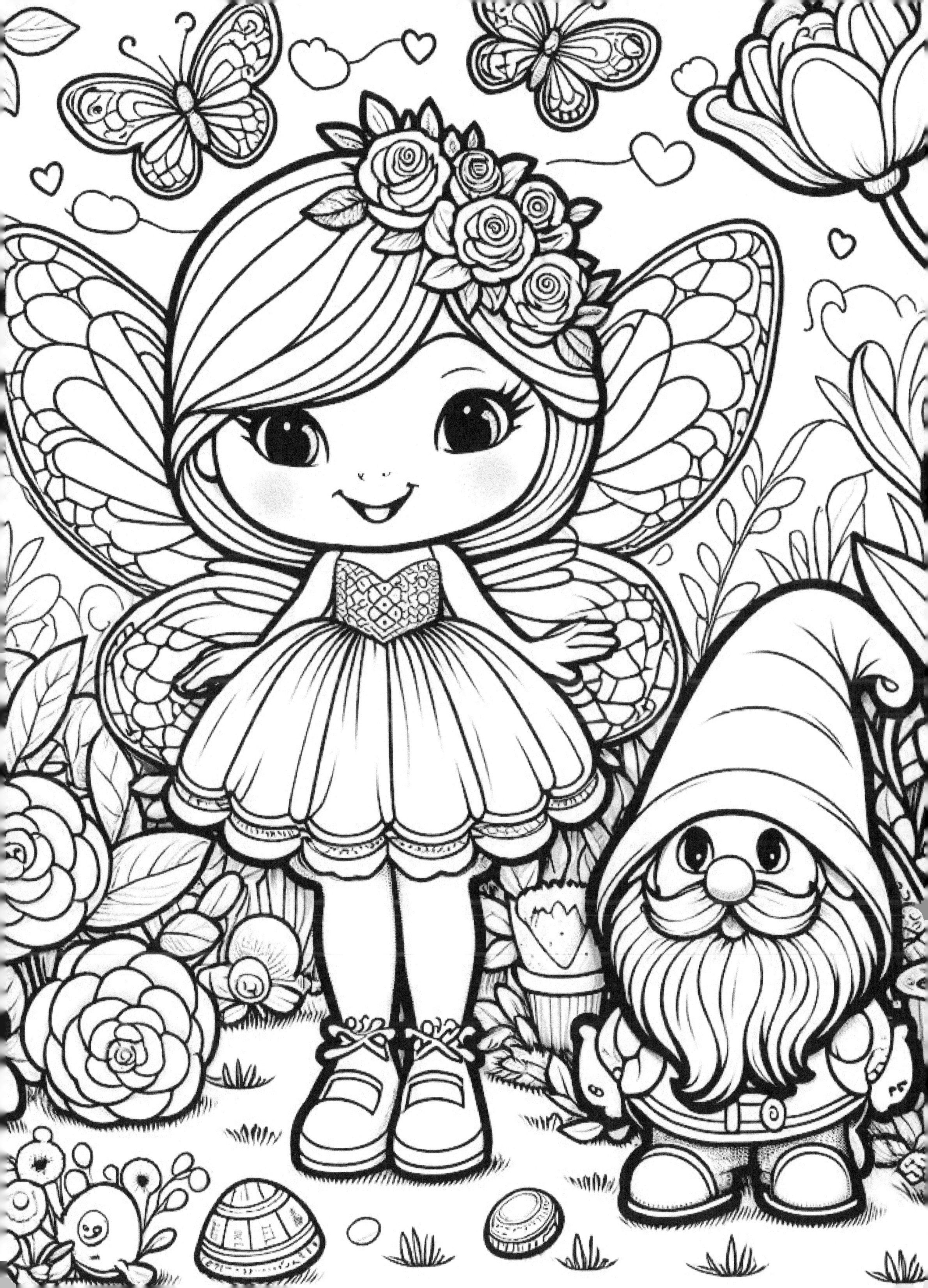

JOE MAC
PUBLISHING

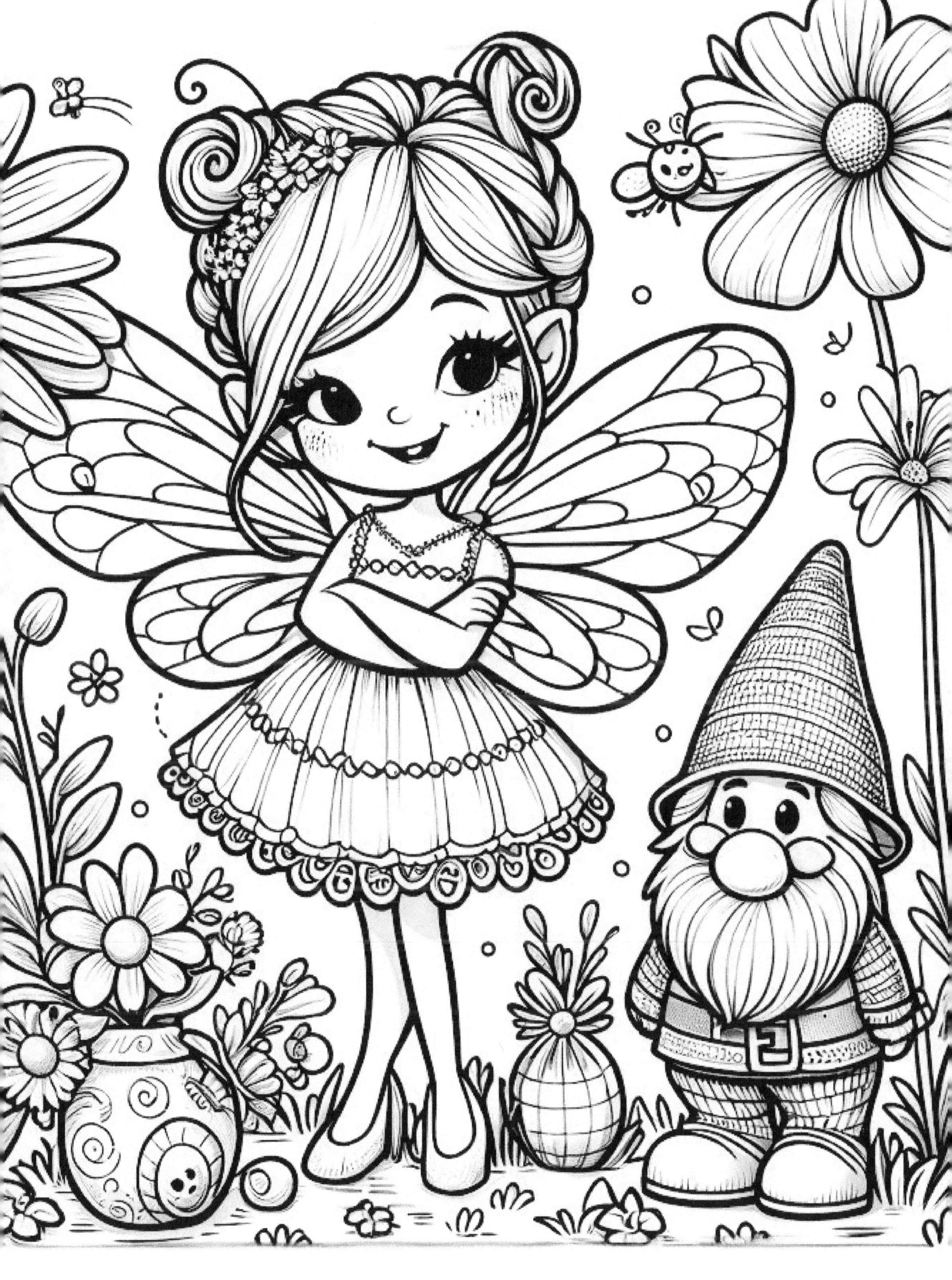

JOE MAC
PUBLISHING

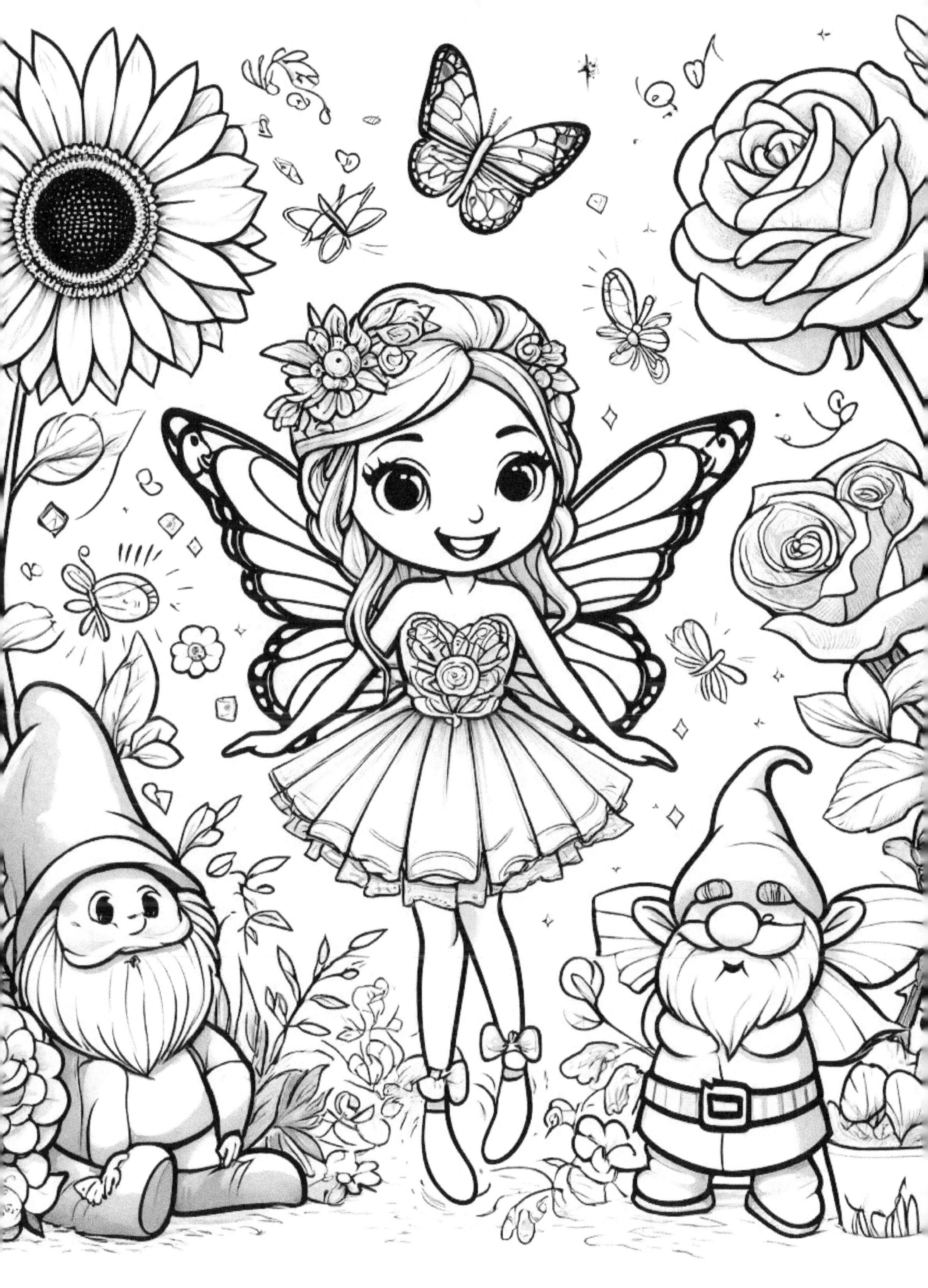

JOE MAC
PUBLISHING

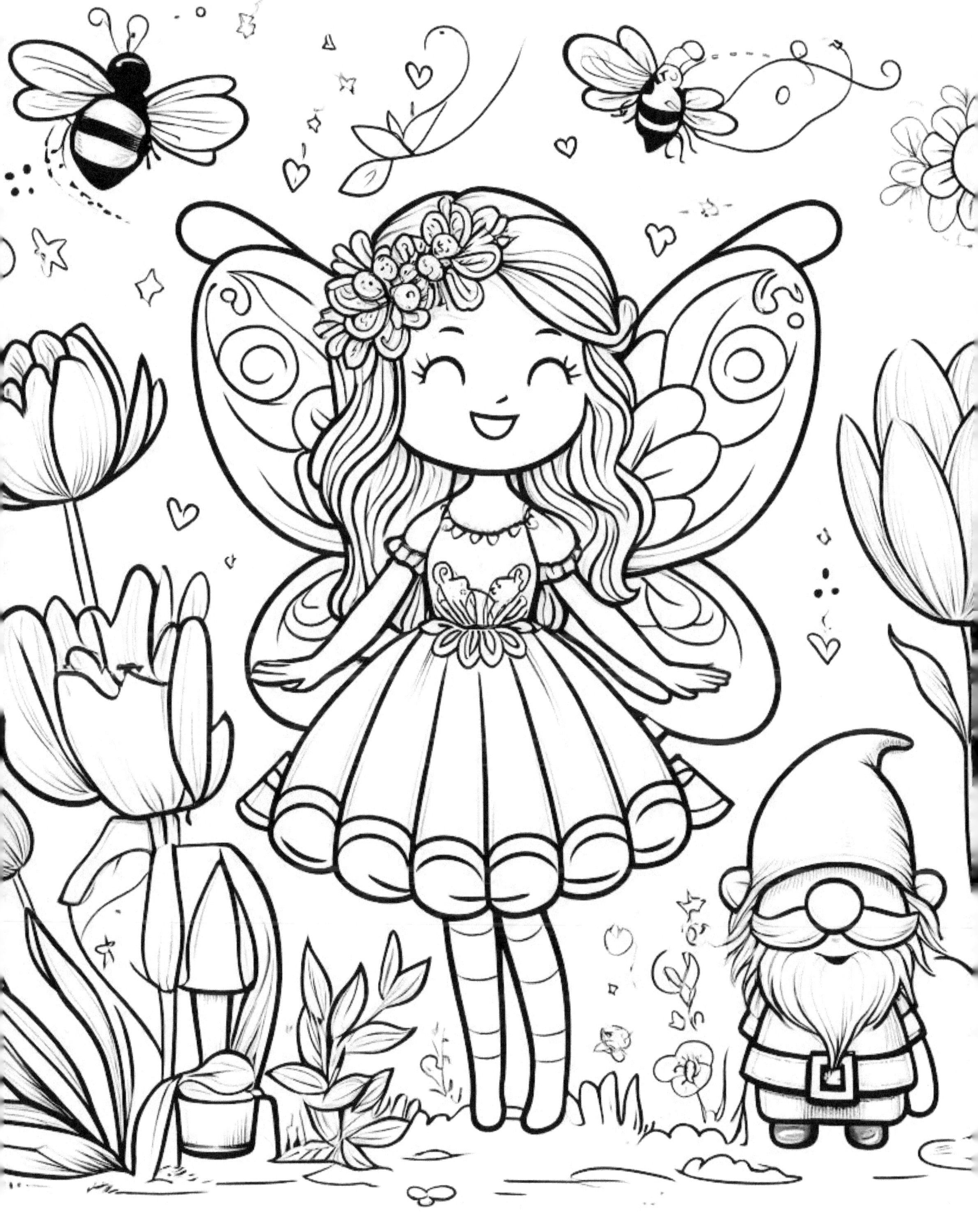

JOE MAC
PUBLISHING

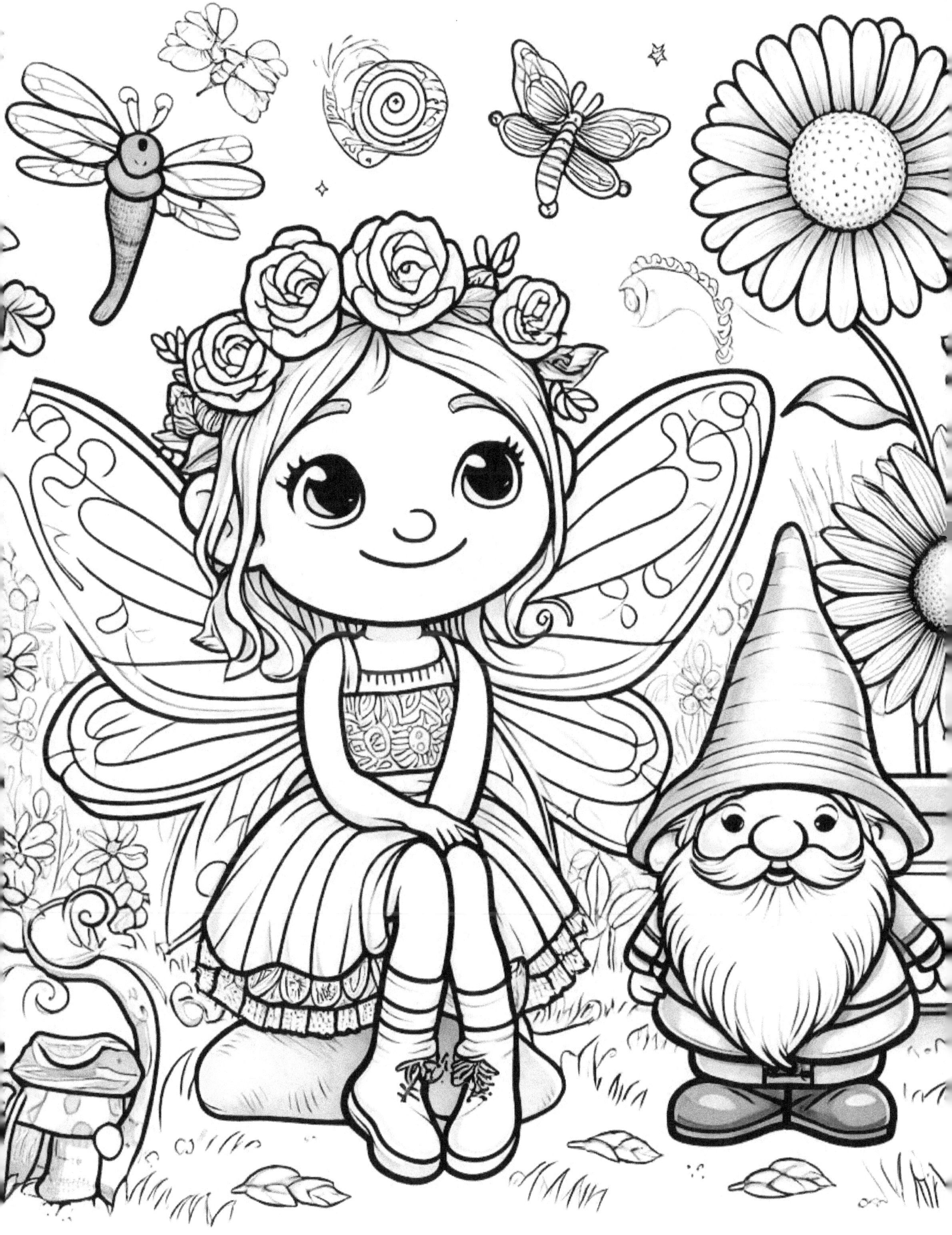

JOE MAC
PUBLISHING

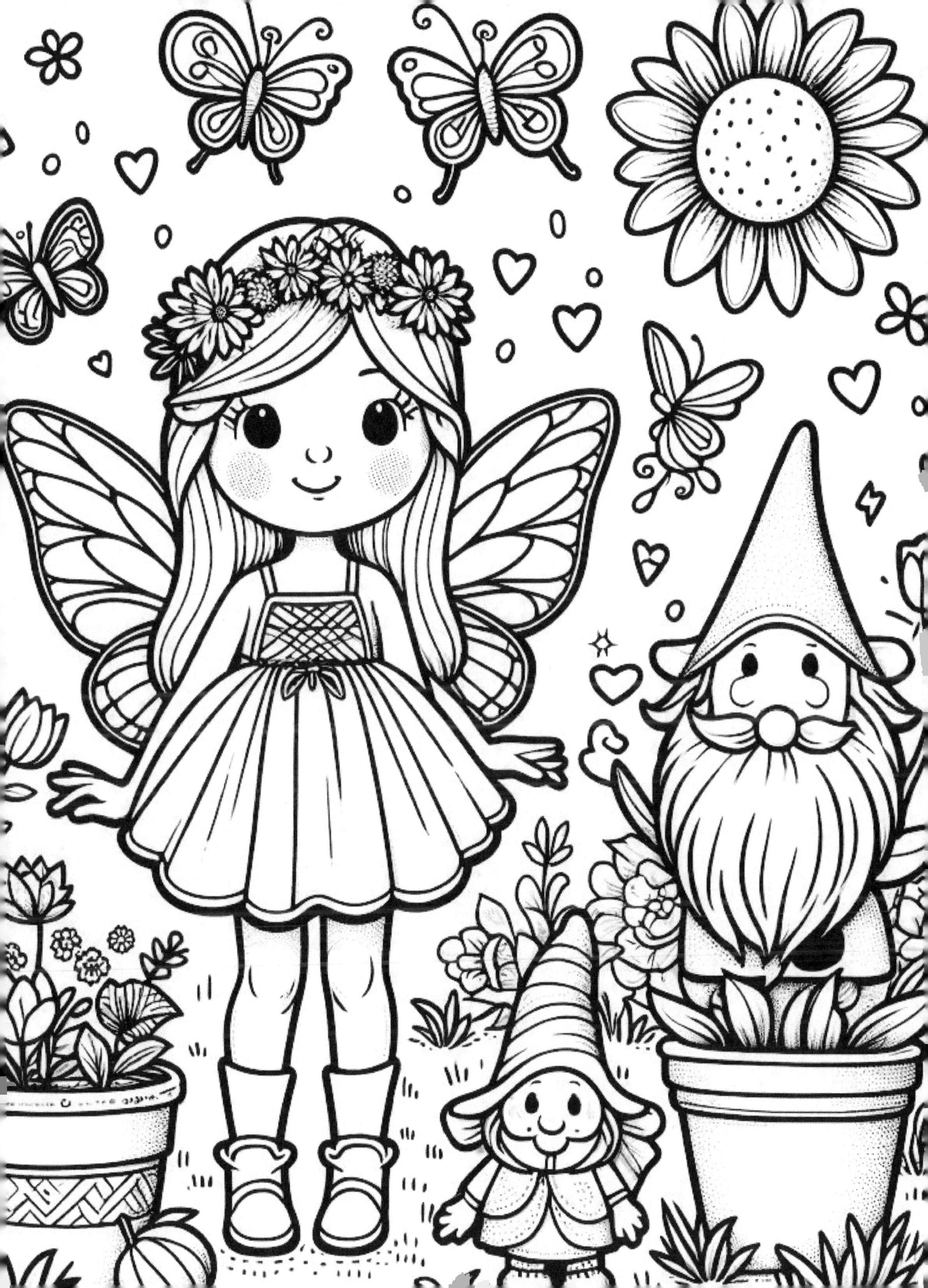

JOE MAC
PUBLISHING

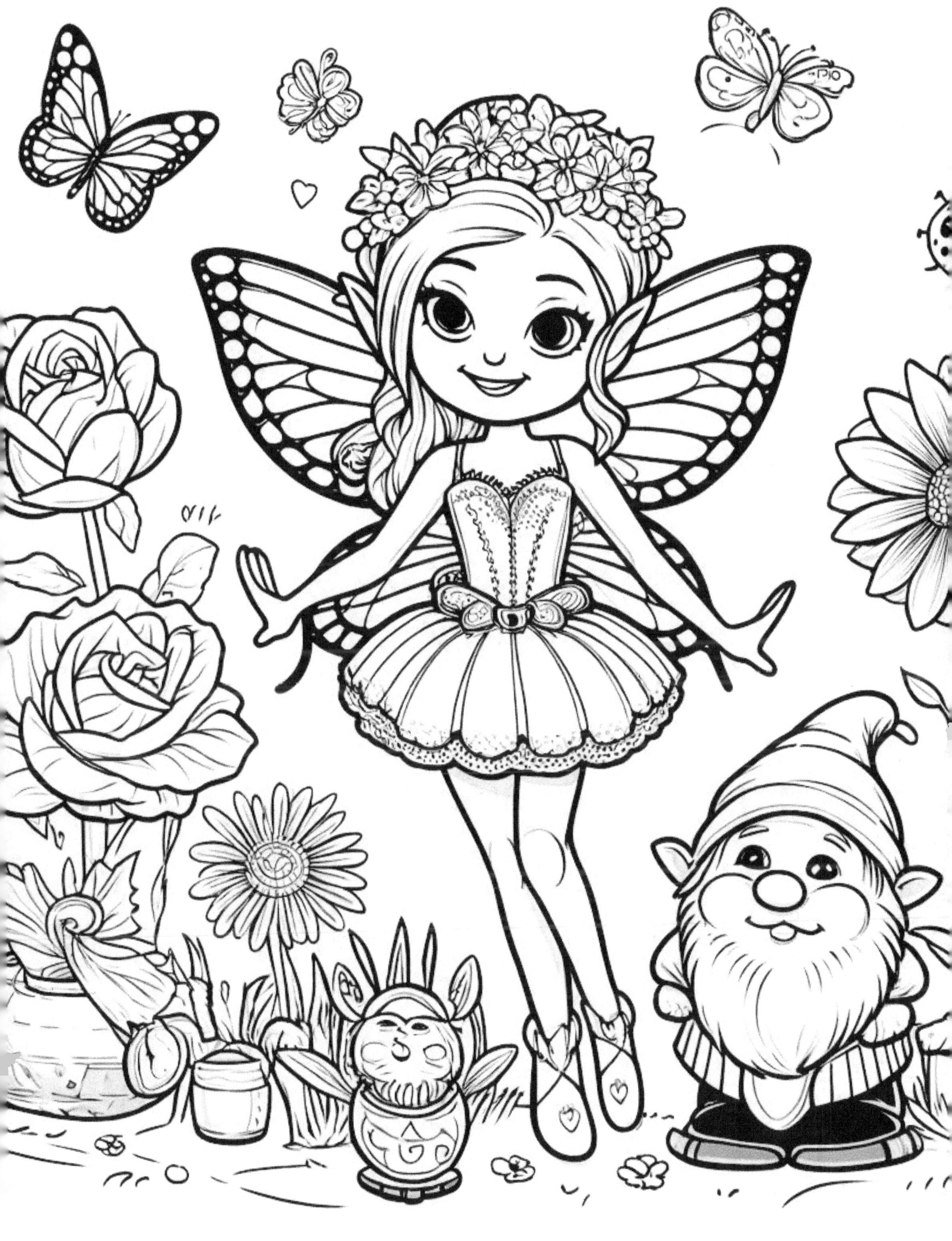

JOE MAC
PUBLISHING

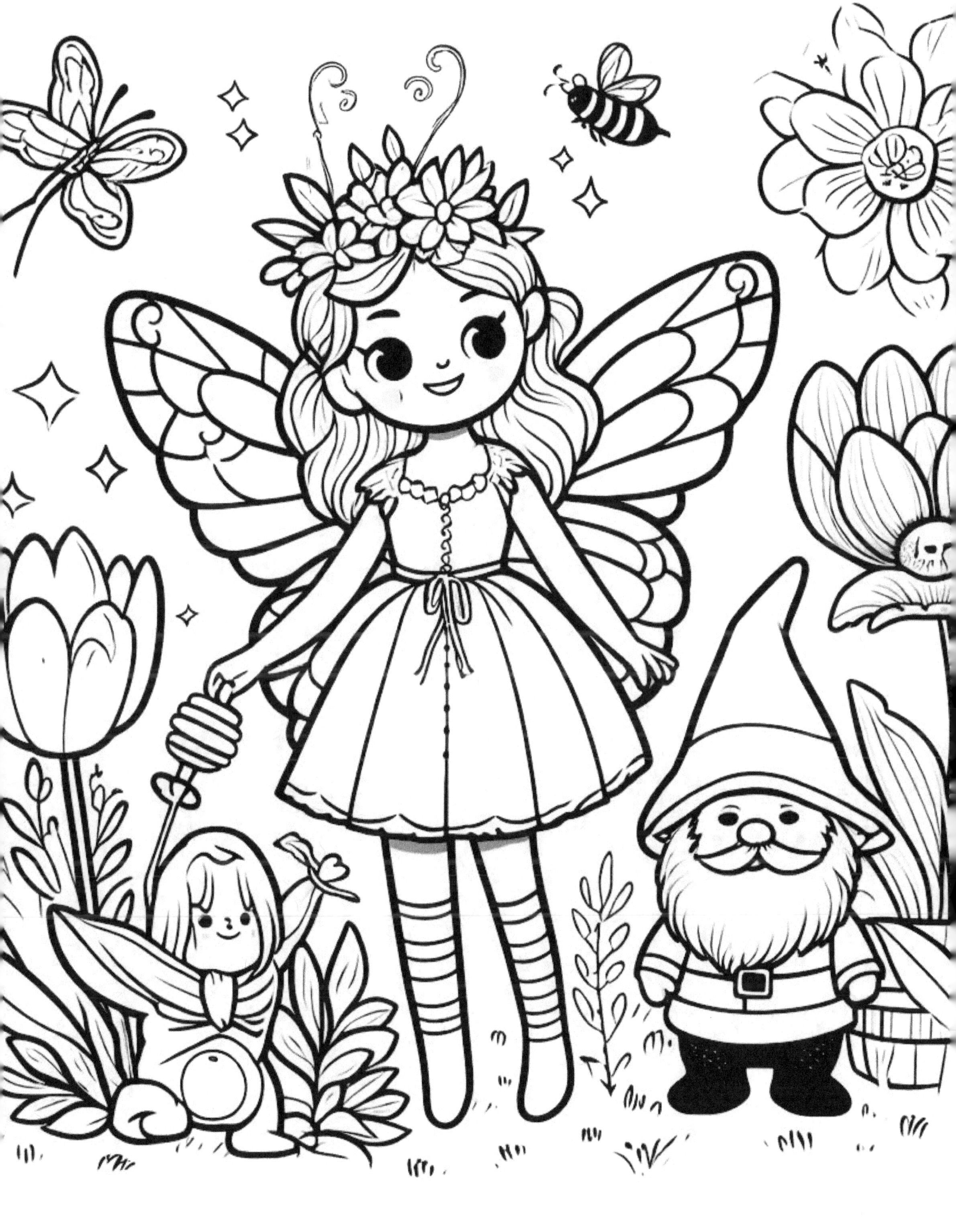

JOE MAC
PUBLISHING

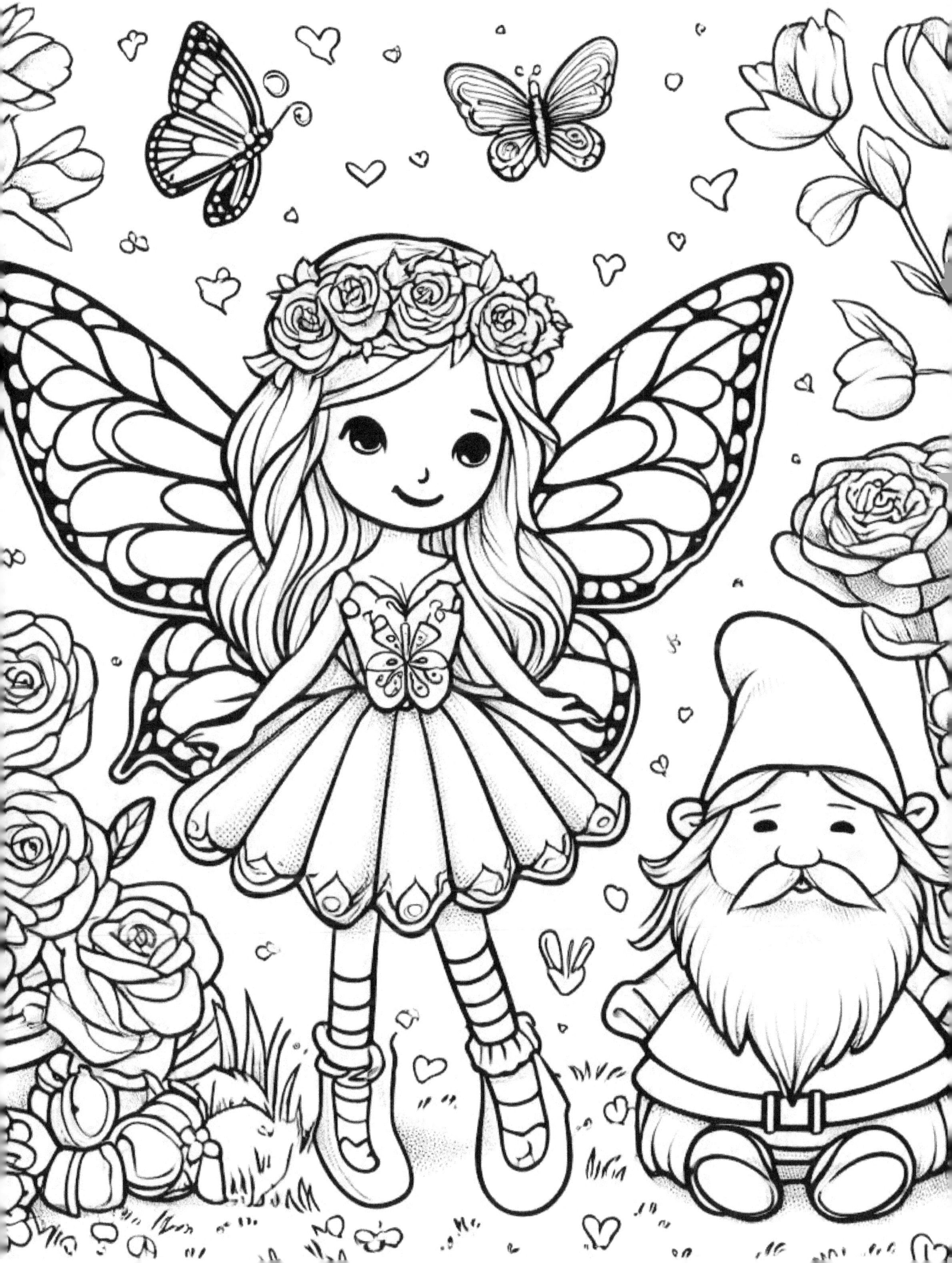

JOE MAC
PUBLISHING

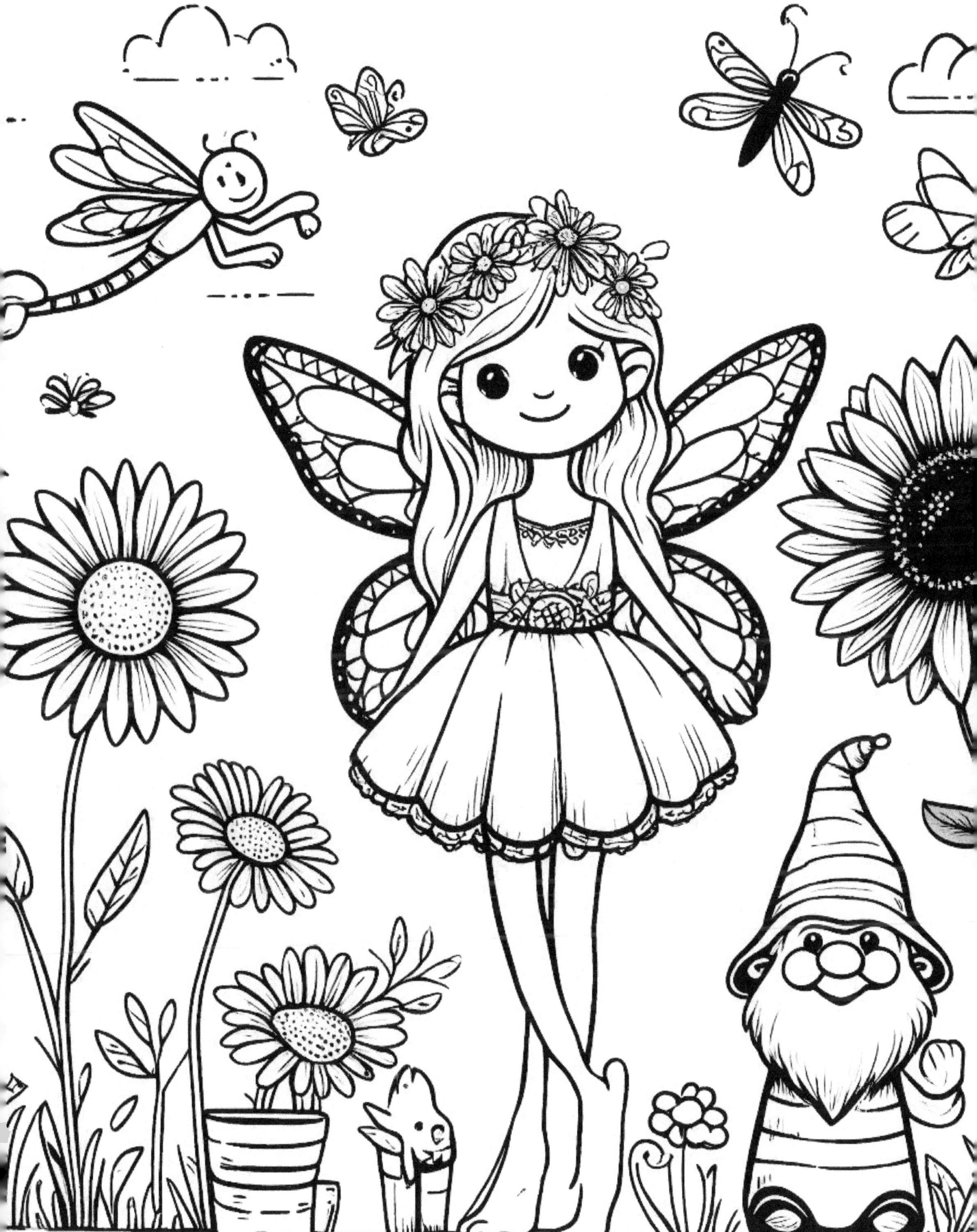

JOE MAC
PUBLISHING

www.ingramcontent.com/pod-product-compliance
Lightning Source LLC
Chambersburg PA
CBHW082216220526
45470CB00010B/3185
9798326302755